AF887028

Der

allgemeine Fragebogen

der

Kgl. Untersuchungs-Commission

betreffend

das Eisenbahn-Concessionswesen.

Beantwortet durch

Julius Faucher.

BERLIN.
Verlag von I. Guttentag (D. Collin).
1873.

Die Königl. Untersuchungs-Commission, betreffend das Eisenbahnconcessionswesen, hat ihre Arbeiten beendigt. Ihre Verhandlungen und Vernehmungen, welche, wie man hört, stenographirt worden sind, werden in die Oeffentlichkeit gelangen. Der allgemeine Fragebogen, welchen die Mitglieder der Commission zusammengestellt haben, ist schon vorher in ziemlich viele Hände gelangt. Man sieht diesem Fragebogen sehr an, dass verschiedene Hände bei seiner Abfassung thätig gewesen sind. Sowohl Wiederholungen kommen darin vor, als sich auch vorgefasste Meinungen, die einander gegenüberstehen, darin bemerklich machen. Indess sind die meisten Fragen mit diskriminirender Sachkenntniss gestellt. Das Hervortreten an einzelnen Stellen einer sogenannten „ethischen" Auffassung des wirthschaftlichen Lebens war zu erwarten; es fehlt aber auch nicht ganz an unzweideutig socialistischem Beiwerk. Die Zeit beginnt zu fordern, dass es mit diesem, wo es sich auch immer zeigt, nicht mehr leicht genommen wird.

Eins wollen diejenigen, die es noch leicht damit nehmen, sich ins Gedächtniss rufen. Der Name, dessen Verknüpfung mit der Anklage gegen das Handelsministerium, dass bei Concessionirung von Eisenbahnprojekten schwere Missbräuche eingerissen seien, die Einberufung der Commission durch Sr. Maj. den Kaiser und König wohl hauptsächlich veranlasst hat, ist derjenige eines Mannes, welcher sich seit 25 Jahren in der Rolle eines christlichen Moralpredigers besonders gefallen hat. Dass ihm zugleich die vollständige Ueberwachung, Massregelung und Leitung aller gewerblichen Unternehmungen durch Staatsbehörden als die wahrhaft sittliche Weltordnung gilt, hat er z. B. durch Herausgabe der bekannten „Denkschrift" bewiesen, von welcher sich später in einem Processe herausstellte, dass nicht er, sondern Herr

E. K. Dühring der Verfasser war. Dies hat man sich jedenfalls ins Gedächtniss zu rufen, ehe man sich zu dem Schlusse hinreissen lässt, dass die Eisenbahnunternehmung nicht zu geringer, sondern zu grosser gesetzlicher Freiheit geniesse. Es soll hiermit in keiner Weise den Eröffnungen vorgegriffen werden, welche uns bevorstehen. Herr Lasker hat Herrn Wagener öffentlich angegriffen und es ist nun die Veröffentlichung der Vertheidigung des Herrn Wagener abzuwarten. Bis dies geschehen, lässt sich ein Urtheil weder über die Anklage, noch über die Vertheidigung fällen.

Aber was sich thun lässt und wozu es hohe Zeit ist, ist die Untersuchung durch jeden einzelnen, dem der Eisenbahnbau im Lande und der gute Ruf des kaufmännischen Standes am Herzen liegt, ob denn in der Eisenbahngesetzgebung, um welche es sich legislatorisch, da wir uns noch ganz auf preussischem Boden befinden, *allein* handeln kann, nicht wirklich etwas zu bessern ist, und dann soviel Vorschläge zur Vergleichung zusammen zu stellen als möglich. Und dies ist eben der Zweck des allgemeinen Fragebogens der Commission, den ich mir, ohne speziell gefragt zu sein, jetzt erlauben will, mit meinen Antworten zu begleiten.

Ich thue dies hauptsächlich, weil ich der Meinung bin, dass das Fehlen einer ganz bestimmten Vorkehr der englischen Eisenbahngesetzgebung, welche bei uns bis jetzt keine Aufnahme gefunden hat, die scheinbaren wie die wirklichen Unregelmässigkeiten — und die scheinbaren haben vielleicht noch mehr Verwirrung in den Köpfen angerichtet, als die wirklichen — mit Unvermeidlichkeit veranlasst hat.

Indess habe ich, einmal bei der Arbeit, alle Fragen zu beantworten versucht, mit Entwickelung des Gedankengangs, auf dem die Antworten beruhen. Möge dies Beispiel recht viele Nachfolger finden! Der Eisenbahnbau ist die grosse Aufgabe unseres Zeitalters, neben welcher alle übrigen nur klein erscheinen. Es ist der grösste der Siege des Menschen über die natürliche Geographie, und wie er allen zu Gute kommt, hat er auch auf den Schweiss aller ein Anrecht.

I. Erlaubniss zu Vorarbeiten.

1. **Ist es nach Ihrer Ansicht erforderlich oder zweckmässig, dem Unternehmer von Vorarbeiten für eine Eisenbahnanlage ein Vorrecht auf die Ertheilung der Concession beizulegen?**

1) Ich halte die Anerkennung eines durch Vorarbeiten, welche bona fide ausgeführt sind, erworbenen Vorrechts für zweckmässig, aber nicht auf die Ertheilung selbst der Concession, sondern nur auf Zulassung zur Mitbewerbung um dieselbe unter dem gesetzlichen Verfahren, welches ich mir vorbehalten muss, in Beantwortung derjenigen Fragen, welche sich unmittelbar auf die Concessionsertheilung beziehen, als dasjenige zu bezeichnen, durch welches mir das wirthschaftliche Interesse der Nation und der Grundsatz gleichen Rechtes für alle Bewerber am besten gewahrt zu werden scheinen. Ich schöpfe meine Gründe für die Anerkennung eines bona fide erworbenen Vorrechts aus denselben volkswirthschaftlichen Rücksichten, welche der Anerkennung der Beschlagnahme noch herrenlosen Landes oder noch herrenlosen fliessenden Wassers oder noch herrenloser unterirdischer Schätze u. s. w. zu Grunde gelegen haben und zu Grunde zu liegen fortfahren, wo es noch herrenlose an den Ort gebundene Nutzbarkeiten giebt. Damit sie benutzt werden, wird ihre Beschlagnahme durch den Einzelnen auch von allen Uebrigen anerkannt, welche ja, in Folge des gesellschaftlichen Interessenverbandes von der Benutzung auch dann Vortheil haben, wenn es keine unmittelbare durch sie selber ist.

Bona fide Vorarbeiten für Tracirung einer neuen Eisenbahn sind in meinen Augen gleich der Schürfung für den Bergbau, der Anfang der Beschlagnahme auf wirthschaftlichem Wege zu wirthschaftlichen Zwecken, noch herrenloser Nutzbarkeit

Wird keinerlei aus bona fide Vorarbeiten fliessendes Vorrecht bei dem gesetzlichen Verfahren anerkannt, welches die Erlaubniss zur Vollendung der Beschlagnahme regelt, so ist die Gefahr vorhanden, dass Vorarbeiten unterlassen werden, welche zu einem gemeinnützigen Unternehmen führen können. Denn ihr Resultat bleibt dann selbst herrenlose Nutzbarkeit, was ohne Schaden für das allgemeine Interesse und die öffentliche Sittlichkeit keinerlei Nutzbarkeit bleiben kann, die eben das Resultat von Arbeit ist. Die Kosten der Vorarbeiten gleichen dann dem Einsatze in eine Lotterie mit nachträglich unbeschränkter Vermehrung der Loose, unter denen dann auch solche vorkommen könnten, für welche nichts bezahlt wird d. h. bei denen benutzt wird, was andere ohne Erfolg für sich selbst geleistet haben.

2. **Würden einer gesetzlichen Bestimmung, nach welcher jedem Bewerber um die Vornahme von Vorarbeiten letztere gegen ausreichenden Schutz der Grundeigenthümer zu gestatten ist, wirthschaftliche und insbesondere finanzielle Bedenken entgegenstehen?**

2) Wenn der Schutz des Eigenthümers, ein Schutz, der natürlich die bisherige wirthschaftliche Benutzung und die Möglichkeit ihrer Steigerung in ganzer Ausdehnung zum Gegenstand haben muss, nur ein wirklich ausreichender ist, sehe ich keine wirthschaftlichen Bedenken jedem Bewerber um die Vornahme von Vorarbeiten letztere zu gestatten. Was ich unter finanziellen Bedenken zu verstehen habe, ist mir nicht ganz klar. Wenn darunter verstanden werden soll, dass die Zulassung einer unbeschränkten Zahl von Bewerbern um die Gestattung zu Vorarbeiten die Gefahr eines merkbaren Verlustes von Nationalvermögen in sich schliesse, indem auf die Vorarbeiten viel mehr Geld verwendet wird, als nöthig ist, so kann ich solche Ansicht durchaus nicht theilen, sowohl aus theoretischen Gründen, wie aus selbstgemachten sehr lehrreichen Erfahrungen. Theoretisch liegen zwei Schlussfolgerungen doch nahe genug. Wo sich die Be-

werber um die Gestattung von Vorarbeiten drängen und von der Ausführung derselben auch dann nicht abstehen, wenn sie entdeckt haben, wie gross ihre Zahl ist und wie dadurch die Aussicht für den Einzelnen verringert ist, die Concession zum Bau der Eisenbahn schliesslich wirklich zu erhalten, da muss es sich doch um eine Eisenbahn handeln, welche besonders rentabel, also besonders nützlich für das Land zu werden verspricht. Diese Art Auslagen der Nation wächst also nur nach Massgabe des in Aussicht stehenden Nutzens und die Vermehrung ist daher ganz in der Ordnung. Hierzu kommt der zweite theoretische Satz, dass je grösser die Zahl der von einander verschiedenen Vorarbeiten für die Eisenbahnen, desto grösser die Wahrscheinlichkeit wird, darunter die beste Trace zu erhalten in demjenigen Sinne, den ich mir vorbehalte, in Beantwortung der dritten auf die Concessionsertheilung selbst bezüglichen Frage auszuführen.

Aus eigener Erfahrung kann ich nun aber hinzufügen, dass schon verhältnissmässig ganz kleine Abweichungen von der bestmöglichen Trace selbst im Gebiete des norddeutschen Tieflandes ein Mehr entweder von Anlagekosten oder von laufenden Betriebskosten zur Folge haben, gegen welches die Kosten von Vorarbeiten, seien dieselben so häufig wiederholt, wie man nur darauf gefasst sein mag, gar nicht in's Gewicht fallen. Auch die kleinste nennenswerthe wirthschaftliche oder technische Verbesserung der Trace erwirbt für das Nationalvermögen zehnfältig wieder, was durch gehäufte Vorarbeiten verschlungen worden sein mag.

3. Wie würde nach Ihrer Ansicht im Falle einer solchen gesetzlichen Bestimmung (2) das behördliche Verfahren rücksichtlich der Erlaubniss zu Vorarbeiten zu gestalten sein?

3) Ich habe immer geglaubt, dass wir statt des mir als ganz überflüssig und gemeinschädlich erscheinenden, den romanischen Staaten nachgebildeten, Handelsministeriums ein dem politischen Parteigetriebe entrücktes Ober-Wegeamt nöthig haben, neben einem ähnlich gestellten Oberbergamt, Oberforstamt, Oberschiffahrtsamt u. s. w. Ich habe dies

schon im Jahre 1869 in der Vierteljahrsschrift für Volkswirthschaft und Kulturgeschichte in der Abhandlung „vom Wegezoll und seinem Ersatze" ausgeführt. Ich glaube, dass eine solche hochgestellte mit geschichtlicher Verantwortlichkeit belastete Behörde ohne Gefahr als Recursinstanz für alle Gesuche um Erlaubniss von Vorarbeiten fungiren würde, wenn ihr auch keinerlei besondere gesetzlichen Vorschriften mit auf den Weg gegeben würden. Was ihr obläge, wäre, nach meiner in Beantwortung der vorigen Frage entwickelten Ansicht, eben nur die Chikane von der Zulassung auszuschliessen, oder zu verhindern, dass bona fide Gesuche unter dem Einwande zu vermuthender Chikane von den Localbehörden zurückgewiesen werden.

4. Würden in diesem Falle Massregeln gegen eine zu lästige Concurrenz zu ergreifen sein? Würde die Nothwendigkeit der Beschaffung vollständigerer Vorarbeiten binnen einer bestimmten Frist einen genügenden Schutz gewähren?

4) Ich bin sehr stark der Meinung, dass, eben um die Chikane und zugleich die materielle oder intellectuelle Unfähigkeit auszuschliessen, eine bestimmte Frist festgesetzt werden muss, binnen welcher die Vorarbeiten vollständig und endgültig einzureichen sind, um das Vorrecht auf die Zulassung zur Mitbewerbung um die Concession zu wahren.

5. In welcher Weise würde es, wenn die Vorarbeiten nicht vollständig frei zu geben sind, möglich sein, die Entscheidung über die Zulassung zu Vorarbeiten an gewisse objektive Regeln zu knüpfen?

5) Ich kenne keine solche objective Regel. Die Unterscheidung zwischen bona fide-Gesuchen und chicanösen Gesuchen kann natürlich stets nur auf subjectivem Urtheile beruhen: und diese Unterscheidung ist die einzige, welche mir als zweckmässig erscheint. Das bekannte subjective Schwänzchen an so vielen englischen Gesetzen scheint mir auch in diesem Falle angezeigt zu sein, wenn nur darin endgültig auf eine Behörde hingewiesen werden kann, deren Existenz für dergleichen Schwänzchen die Voraussetzung bildet.

II. Technische Beschaffenheit der Vorarbeiten.

1. Ist es möglich, durch die ersten Vorarbeiten eine sichere Grundlage für die zukünftige Linie der Eisenbahn und die wirklichen Kosten derselben zu gewinnen? Sind die bisher amtlich aufgestellten Erfordernisse hierzu ausreichend, oder welche Mängel sind Ihnen bekannt geworden, und welche Ergänzung ist geeignet, diesen Mängeln abzuhelfen?

1. Ich halte es nicht für möglich, durch die ersten Vorarbeiten eine ganz sichere Grundlage für die zukünftige Linie der Eisenbahn und die wirklichen Kosten derselben zu gewinnen. Ich halte auch die bisher hierfür amtlich aufgestellten Erfordernisse der Vorarbeiten nicht für mangelhafter. als es nach meiner Meinung alle andern sein würden. Es mag möglich sein und wird mit der wachsenden Erfahrung und Theorie auf bautechnischem Gebiete gewiss immer mehr und immer von neuem möglich werden, in technischer Beziehung Erfordernisse an die Vorarbeiten zu stellen, durch welche der Voranschlag und die wirklichen Kosten näher an einander gebracht werden; aber durch Genauigkeit der technischen Berechnung wird die Schwierigkeit noch lange nicht beseitigt. Indem auf die Vorarbeiten ein Voranschlag basirt wird. tritt mit Nothwendigkeit eine wirthschaftliche Vorberechnung zur technischen hinzu. Wenn z. B. das Arbeitslohn innerhalb zweier Jahre, wie der Fall gewesen ist, um die Hälfte steigt. ist es grade dasselbe, als wenn statt zwei Schachtruthen drei zu bewegen sind. Für Eisenbahnen spielt die Bewegung der Preise des Bauholzes. des Eisens. insbesondere der Schienen und Maschinen. der Ziegel. des Kalks und des Cements eine ähnliche Rolle. Gerade alle diejenigen Elemente der Kostenberechnung, welche in einem Eisenbahnbauvoranschlage die Hauptrolle spielen. sind eben wegen der Lebhaftigkeit des Eisenbahnbaus in der Welt ganz besonderen Preisbewegungen — in der Regel Preissteigerungen — unterworfen. Rechnungen blos des Technikers sind Rechnungen eben ohne den Wirth. Auch mögliche Arbeitseinstellungen, Krieg u. s. w. sind in Vor-

anschlag zu bringen. Die blos technische Rechnung ist also eine Rechnung auch ohne die Geschichte und ihre Gefahren. Dem Kaufmann, der trotzdem solchen Voranschlag auf sich nimmt und schon um seiner selbst willen thun muss — und wer immer es thut, ist eben hierin Kaufmann — kann man wohl nachrechnen, aber niemals vorrechnen. Die gesetzliche Probe seines Exempels ist seine pekuniäre Verantwortlichkeit. Ihm nachzurechnen, wo man für die Vorrechnung nicht selbst pekuniär mit eingestanden ist, d. h. bei einem Aktienunternehmen ausserhalb der Generalversammlung der Aktionäre ihm nachzurechnen, ist billig genug im ironischen Sinne, aber ebenso unbillig im ernsten. Um dem nicht technischen, dem kaufmännischen Theile des Voranschlages gerecht werden zu können, weiss ich kein anderes Mittel als einen Spielraum, welcher bis zu einem gewissen Grade ja schon wegen der Unerreichbarkeit eines fehlerlosen technischen Voranschlags nöthig ist. Wenn ein solcher Spielraum *nach oben* für den Voranschlag von den Behörden bisher gewährt worden ist, wie der Fall zu sein scheint, so ist es offenbar in gerechter Würdigung des von Eisenbahnunternehmern thatsächlich auf sich genommenen kaufmännischen Risikos geschehen. Soweit es geschehen ist, ist doch wohl die Absicht verfolgt worden, mit desto mehr Nachdruck verhindern zu können, dass der Spielraum auf dem Umwege absichtlich vergrösserter technischer Schwierigkeiten, von denen dann hernach Abstand genommen wird, zur Hinterthür eingeschmuggelt wird. Ich behalte mir übrigens vor, in Beantwortung der vierten Frage der sechsten Gruppe, welche die Aktiengesellschaft betrifft, einen anderweitig schon mit Erfolg eingeschlagenen Weg anzugeben, auf welchem für den Spielraum, dessen jedes kaufmännische Unternehmen für seinen Voranschlag bedarf, gesorgt werden kann, ohne dass der beim Concessionsgesuch einzureichende hauptsächlich zur Vergleichung mit den übrigen Gesuchen um dieselbe Concession bestimmte Voranschlag, welcher eben nicht der richtige kaufmännische zu sein braucht, um der Beschaffung des wirklich erforderlichen Kapitals willen erhöht zu werden nöthig hätte.

2. Ist Ihnen bekannt geworden, dass in den von der Verwaltung genehmigten Voranschlägen eine erheblich höhere Schätzung als die Kosten der wirklichen Ausführung betragen, besonders in einzelnen Rubriken stattzufinden pflegt und in welchen? Ist besonders anzunehmen, dass die Höhe der Voranschläge mit Rücksicht auf die vorausgesetzten Coursverluste an den zu verausgebenden Actien normirt worden ist?

2) Es ist mir nicht bekannt geworden, dass die Verwaltung mit Bewusstsein und absichtlich eine höhere Schätzung in den Voranschlägen mit Rücksicht auf die vorausgesetzten Coursverluste an den zu verausgabenden Aktien genehmigt habe. Ich habe im Gegentheil den Herrn Handelsminister als abgesagten Gegner einer solchen aus den östlichen Ländern importirten Zumuthung kennen gelernt, welche ja auch geradezu eine Absurdität ist. Der Cours der Aktien wird bekanntlich durch den Betrag der Dividende, welche auf die einzelnen Aktien fällt, bestimmt und durch das augenblickliche Verhältniss von Angebot und Nachfrage auf dem Kapitalsmarkt. Der Betrag der Dividende auf die einzelne Aktie hängt aber einerseits vom Jahresertrage der Bahn ab, mit welchem die Herstellungskosten der Bahn nicht das Geringste zu schaffen haben — eine Gebirgsbahn kostet gewöhnlich sehr viel mehr und trägt gewöhnlich sehr viel weniger ein, als eine Bahn in der Ebene — und andrerseits von dem Divisor, durch welchen die Gesammt-Einnahme getheilt werden muss, um die Dividende auf die einzelne Aktie zu erhalten. Dieser Divisor ist der auf den genehmigten Voranschlag hin genehmigte Betrag der Aktienausgabe. Jede unnöthige Vergrösserung des Aktienbetrages führt also zu einer der Vergrösserung genau entsprechenden Kürzung der Dividende auf die einzelne Aktie und zu einer wieder dieser Kürzung genau entsprechenden Herabdrückung des Courses. Was also bekämpft werden soll, wird umgekehrt gefördert. Wenn für ein Unternehmen eine Vermehrung der Aktienausgabe erlaubt wird, sage von 10 Procent, weil die

Aktien bei der Ausgabe voraussichtlich 10 Procent am Course verlieren werden. dann verlieren sie in Wirklichkeit nicht 10, sondern 19 Procent. Ich wiederhole: Was eine Eisenbahn wirklich gekostet hat. darum kümmert sich kein Mensch. der eine Aktie derselben kauft, sondern nur darum. was die Eisenbahn einträgt, ferner womit der Ertrag getheilt wird, und ob sie so gebaut ist, dass die nöthigwerdenden Reparaturen den Durchschnitt nicht wesentlich übersteigen. Insofern der Betrag noch erst der Voraussetzung unterliegt und also nach blosser Schätzung in Rechnung zu bringen ist. kümmert sich der Käufer der Aktie auch bei dieser Schätzung nicht im Entferntesten um das. was die Herstellung der Bahn wirklich kostet. Er zieht Vergleiche mit schon bestehenden Bahnen und schätzt den künftigen Ertrag nach deren vorliegendem Ertrag. Es giebt freilich Menschen. für welche selbst die ersten kaufmännischen Anfangsgründe unter sieben Siegeln liegen. Es ist mir wohl vorgekommen hören zu müssen. wie eine Wittwe. welche sich durch ein kleines Posamentiergeschäft ernährt und welche. weil ihr das Rechnen zu schwer wird, sich für alle ihre Artikel den gleichen Gewinnsatz von 20 Prozent Zuschlag zum Einkaufspreis berechnet, mit einer Käuferin folgende Verhandlung führte: „Ihre Nummer des Strickbaumwollengarns von Hauschild kostet jetzt nicht mehr 1 Thlr. 6 Sgr. das Pfund. sondern 1 Thlr. 12 Sgr.. denn für die letzte Sendung hat mir Hauschild statt eines Thalers für das Pfund. 1 Thlr. 5 Sgr. berechnet. Indess habe ich noch einen kleinen Rest von der vorigen Sendung. Wenn Sie von diesem nehmen wollen. kann ich Ihnen das Pfund noch für 1 Thlr. 6 Sgr. lassen. Die alte Sendung kostet 1 Thlr. 6 Sgr.. die neue kostet 1 Thlr. 12 Sgr." Diese Logik schien auch der Käuferin, welche dabei jedenfalls den Vortheil hatte. die Baumwolle noch billig zu bekommen. als sie schon theurer geworden war. Aber auf solche Konfusion in den Köpfen ist doch keine Rücksicht zu nehmen.

Die Coursverluste. welche fast zur Regel geworden sind. haben eine ganz andere Bedeutung als die Genehmigung einer künstlichen Erhöhung des Voranschlags durch die Verwaltung, um ihnen im Voraus zu begegnen, so dass sie eigentlich gar keine Coursverluste, sondern der nur verkleidete Paricours und der Nominalbetrag der Aktie eigentlich nur eine Lüge wäre. Die Coursverluste sind weiter nichts, als der bei allen kaufmännischen Transaktionen unvermeidliche Unterschied zwischen Brief und Geld, welcher schon gleich bei der ersten Ausgabe der Aktien natürlich sehr breit klaffend, sich meldet, hervorgehend aus Angebot und Nachfrage, welche prüfend einander befühlen. Beim Angebote werden nicht die wirklichen Herstellungskosten, sondern der ganze Spielraum, welcher bei uns in Ermangelung anderweiter Vorkehr für die möglichen Preisbewegungen der Arbeitskraft und des Baumaterials in den Voranschlag gebracht werden muss, wie ich in meiner Antwort auf die vorhergehende Frage betont habe. berechnet und kann von den Concessionairen schon als Gefahr. die sie auszuhalten durch Caution sich verpflichtet haben, mit Fug und Recht in Rechnung gebracht werden. Bei der Generalunternehmung des Baues durch die Concessionaire. welche. wie das Handels-Ministerium richtig herausgefunden hatte. eigentlich die einzige korrekte Form ist. sobald der Spielraum für Kostenvermehrung in einem genehmigten Voranschlage und darauf hin genehmigten Stammaktienkapital Platz findet. wickelt sich alles in voller Ordnung ab. Die Concessionaire können während der Bauzeit den Spielraum. soweit ihn Bauabweichungen und Preissteigerungen nicht erschöpft haben. daran geben. im Verkaufe von Aktien mit Coursverlust. ohne noch dabei Geld zu verlieren. Erst bei dem Bau in Regie durch die Aktien-Gesellschaft macht es sich bemerklich, dass der Spielraum eigentlich nicht zur Vertretung durch das Stammaktiencapital geeignet ist, sondern anders wohin gehört: ich werde später zeigen *wohin*. Wird das ganze aufgelegte Stammaktienkapital bona fide gezeichnet. so müssen *alle* Ersparnisse am Voranschlage als *Gewinn* in der Baurechnungsablage gebucht werden, welches wenigstens lächerlich ist, und dann müssten eigentlich noch für diesen „Gewinn“ Aktien zurückgekauft und gelöscht werden, was noch obenein wider das Aktiengesetz ist. Wird *nicht* von vorne herein das ganze Stammaktienkapital bona fide gezeichnet, sondern eben nur ein ausreichend namhafter Theil desselben, um die Concessionaire zu ermuthigen, nicht die Flinte ins Korn zu werfen und die aufgelaufenen Kosten ans Bein zu binden, so pflegt das, was die Generalunternehmung für den ganzen Bau ist, für Theile desselben einzutreten, d. h. die nicht bona fide gezeichneten Aktien werden von Bau-Unternehmern in Zahlung genommen, unter Contracten, durch welche die Aktiengesellschaft *so weit von den Wechselfällen, denen im Spielraum vorgesehen ist, entlastet wird.* Die Bau-Unternehmer stellen natürlich ihre Preise mit Rücksicht darauf, dass sie Aktien in Zahlung zu nehmen haben, die sich, wie die unvollständige Zeichnung bewies, noch nicht zum Nominalbetrage begeben lassen, und die dann mit Coursverlust auf dem Markte erscheinen. Auch hierbei schliesst der Coursverlust noch keinen Geldverlust der Gesellschaft in sich. Sie hat eben nur möglichen Gewinn — d. h. hier immer Ersparnisse am Voranschlage — an Einzelne weggeben müssen. Aber der ursprüngliche Aktionair kommt ungünstiger fort. Für den Eisenbahnbau *durch die Aktien-Gesellschaft in Regie* ist also der richtige Platz für den unvermeidlichen Spielraum *nicht* innerhalb des als Grundlage für das Stammaktienkapital genehmigten Voranschlags. Wenn die Vorkehr getroffen wird, welche ich mir für Unterbringung des Spielraums vorzuschlagen erlauben werde, werden aber, wie ich zeigen werde, die Concessionaire *ganz von selbst* auf jeden Spielraum im genehmigten Voranschlage mit Freuden verzichten, und diesen andern Platz, wo der Spielraum keine Verwirrung anrichten kann, vorziehen.

3. Ist es zweckmässig eine auf Grund der Vorarbeiten zu bemessende Summe unter genauer Beschreibung der Bauten und Ausrüstuug in den Vordersätzen für den gesammten Bau zu gewähren, oder ist die Vertheilung der Summen auf einzelne Rubriken vorzuziehen?

3. Ich halte es für zweckmässig nur die Gesammtsumme des Voranschlags auf Grund der Vorarbeiten zu

bewilligen, weil es nur die Gesammtsumme ist, vorausgesetzt, dass dieselbe auf Anlagekapital beschränkt und Betriebskapital dabei ausgeschlossen ist, welche bei der Entscheidung zwischen verschiedenen Bewerbern um dieselbe Concession zu Grunde zu legen ist, wie ich mir vorbehalte, in Beantwortung der dritten Frage betreffend Concessionen auszuführen.

III. Concessionen.

1. Ist es räthlich, in Zukunft Eisenbahn-Concessionen durch Gesetz ertheilen zu lassen?

1. Da eine Eisenbahnconcession das Expropriationsrecht und anderweitige Eingriffe in die erworbenen Rechte Dritter in sich schliesst, scheint es mir nicht bloss räthlich, sondern gebieterisch, sie durch Gesetz zu ertheilen, aber eben nur insofern sie Eingriffe in die erworbenen Rechte Dritter, den Fiskus eingeschlossen, in sich schliesst. Dass es bisher nicht geschehen, ist eine constitutionelle Anomalie, welche sich schon bestraft hat. Ich würde es aber für höchst bedenklich halten, den Gesetzgeber, wie in England geschieht, auch mit der Entscheidung über die Trace der Bahn und über die Zulässigkeit des Voranschlags zu behelligen. Diese scheinen mir ausschliesslich zur Competenz des Handelsministeriums oder eines selbstständigen Oberwegeamtes zu gehören. In den englischen Specialcommissionen des Parlaments für die einzelnen Eisenbahnconcessionen müssen die Landesvertreter schwören, dass sie an der Legung der Trace und der Normirung des Voranschlags „weder lokal noch anderweitig interessirt sind". Schon die Nothwendigkeit dieses Eides allein richtet das englische Verfahren. Der Gesetzentwurf muss von der Regierung fertig vorgelegt und entweder einfach angenommen oder abgelehnt werden, nach er-

folgter Prüfung durch die Justizcommission. nicht etwa die Commission für Handel und Gewerbe.

2. **Kann bei Ertheilung der Concession durch eine Behörde dem ersten Bewerber, wenn derselbe im Uebrigen die gesetzlichen Vorschriften erfüllt, ein Vorzugsrecht auf Ertheilung der Concession zugestanden werden?**

2. Ich bin der Meinung. dass zur Mitbewerbung um die Concession Jeder zuzulassen ist, dem es erlaubt worden ist. Vorarbeiten zu machen, welcher sie in der dafür bestimmten Frist wirklich fertig gebracht hat und zwar in ausreichender Vollständigkeit, um seinen Voranschlag darauf gründen zu können.

3. **Nach welchen Grundsätzen würde eventuell der Vorzug unter verschiedenen Concurrenten gesetzlich zu bestimmen sein?**

3. Ich fühle mich im Stande, auf diese so heiklich erscheinende Frage eine wissenschaftlich ganz bestimmte Antwort zu geben. Soweit zwischen verschiedenen Tracen zur Verbindung derselben Endpunkte zu entscheiden ist. verdient die volkswirthschaftlich beste Trace unbedingt den Vorzug.

Ueber eine solche Trace sind wissenschaftliche Untersuchungen erst in allerjüngster Zeit angestellt worden. deren Resultate ohne ein gewisses Mass nicht blos volkswirthschaftlicher, sondern auch mathematischer Kenntnisse — es handelt sich um analytische Geometrie und Differentialrechnung — nicht zur praktischen Geltung gebracht werden können. Es ist dies ein Grund mehr, weshalb nicht der Gesetzgeber. sondern nur eine Fachbehörde die Entscheidung zwischen verschiedenen Mitbewerbern fällen kann. Doch kann ich anschaulich machen. warum es sich handelt. Die volkswirthschaftlich beste Trace ist diejenige, auf welcher die Beförderung der Güter und Passagiere mit den geringsten jährlichen Gesammtkosten möglich ist. Dies ist keineswegs mit Nothwendigkeit die in den Anlagekosten per Kilometer billigste Bahn, auch nicht die in den Gesammtanlagekosten billigste Bahn. Die jährlichen Gesammtkosten. zusammengesetzt aus den Betriebskosten und der Verzinsung der Anlagekosten können bei theurer Anlage niedriger sein, weil die Betriebskosten dadurch niedriger werden. Es müssen eben bei der Entscheidung zwischen den verschiedenen Tracen die Verzinsung der Anlagekosten und die durch die Natur der Anlage bedingten Betriebskosten zusammen in Rechnung gebracht und diese Summen bei der Vergleichung einander gegenübergestellt werden. Der Voranschlag der wirklichen Betriebskosten ist aber keineswegs eine einfache Sache. Die Gesammt - Betriebskosten vermehren sich mit dem Verkehre, und es handelt sich dabei, da die Zeit kein Ende nimmt und die Cultur hoffentlich auch nicht, um eine unendliche Reihe ziemlich zusammengesetzter Natur, deren Normalglied, welches stets ein ganz bestimmtes in der Reihe ist, aus volkswirthschaftlichen gegebenen Elementen, dem Zinsfuss, der wahrscheinlichen Verkehrssteigerung u. s. w. sich berechnen lässt.

Die Rechnung wird noch zusammengesetzter, wenn es sich nicht blos um die Verbindung von zwei Endpunkten, sondern, wie so häufig der Fall, von 3 Hauptpunkten handelt, die im Dreieck liegen, wo zuerst zu entscheiden ist, ob die beste kommerzielle Trace ein Dreieck, oder eine trivia, einen Dreiweg bildet, und welcher Dreiweg der richtige ist. Wissenschaftliche Arbeiten über alle diese Fragen hat erst in allerneuester Zeit die von mir herausgegebene „Vierteljahrsschrift für Volkswirthschaft und Culturgeschichte" und das „Journal des Economistes" in Paris gebracht. Sie haben zu weiteren Arbeiten geführt, an denen jetzt auch die Lehrer der angewandten Mathematik an den polytechnischen Hochschulen sich zu betheiligen beginnen. Ich mache in dieser Beziehung auf die Schrift: „Launhardt, Professor am Polytechnikum in Hannover, Kommerzielle Tracirung der Verkehrswege. Hannover 1872. Schmal u. v. Seefeld" aufmerksam.

Soviel hat sich bis jetzt schon herausgestellt, dass der sogenannte „praktische Blick", welchem die Tracirung der Eisenbahnen bis heute ausschliesslich überlassen war, einen ganz ungeheuren Schaden am Nationalvermögen verschuldet.

Nirgends ist dies mehr der Fall. als bei uns in Deutschland und hier sind es noch obenein die Staatsbahnen, bei welchen, theils aus politischen Motiven, zumeist aber in vollständiger Gedankenlosigkeit die ärgsten Missgriffe vorgekommen sind. Ich habe bei wiederholten Versuchen mich leider überzeugen müssen, dass Techniker, die beim Staatseisenbahnbau eine einflussreiche Rolle gespielt haben, für die immer wiederkehrende Vergleichung des Dreiecks mit dem Dreiwege, oder des einen Anschlusspunkts für eine Zweigbahn mit einem andern nicht einmal so weit gerüstet waren und sind, dass ihnen die ganz elementare Formel für Auffindung des überhaupt kürzesten Wegs zwischen drei Punkten geläufig war.

Die Schätzung ist nicht übertrieben, dass der in Deutschland durch falsche Tracen schon angerichtete Schaden, vorzüglich in Folge ganz überflüssiger Betriebskosten. kapitalisch ausgedrückt, sich auf eine Thalersumme beziffert, welche 9 Dezimalstellen zählt.

Bei der Privateisenbahnunternehmung steht der Herstellung der volkswirthschaftlich besten Trace eine andere Gefahr entgegen. als die politischen Rücksichten und die mit dem Mangel pekuniärer Verantwortlichkeit verknüpfte Gedankenlosigkeit beim Staatseisenbahnbau. Die Privatunternehmung geht auf die höchst mögliche Rente aus. Ist man kurzsichtig genug nur die nächste Zeit in Betracht zu ziehen und nicht an eine für alle Zukunft der wachsenden Concurrenz oder anderweitigem Zwange zur Herabsetzung der Frachtpreise gegenüber nach Möglichkeit gesicherte Rente zu denken, sondern eben nur an die möglich höchste für die nächste Zeit, so wählt auch die Privatunternehmung keineswegs die volkswirthschaftlich beste Trace. Sie versucht dann nämlich, um die betreffende Formel in Worten auszudrücken, die Linie, soweit dadurch noch obenein Anlagekosten erspart werden, länger zu machen .als nöthig ist. um den Ueberschuss des Bruttoertrages der Frachten über die Betriebskosten per Kilometer auf grössere Zahl der Kilometer zu geniessen. Die Erfahrung hat indessen bewiesen, dass solche Kurzsichtigkeit bei der Privatunternehmung viel seltener ist, als unwirthschaftliche Rücksichten und unbekümmerte Gedankenlosigkeit beim Staatseisenbahnbau. Es liegt gar zu nahe, daran zu denken, dass das Rechnenexempel, welches die höchste Rente für die nächste Zeit ergiebt, mit jeder nothwendig werdenden Herabsetzung der Frachtpreise per Kilometer falsch wird, indem die Einnahme bei gleichbleibender Ausgabe für den Betrieb sinkt und dass es ebenso bei jeder durch Kohlenpreise u. s. w. herbeigeführten Erhöhung der Betriebskosten falsch wird, indem die Ausgabe bei gleichbleibender Bruttoeinnahme steigt.

Jedenfalls aber wäre ein vergleichendes Verfahren zwischen verschiedenen Projecten mit Voranschlägen, die auf möglichst verschiedene Vorarbeiten gegründet sind, angestellt unter Anwendung der volkswirthschaftlich besten Trace als Mass, das einfachste und sicherste Mittel, der volkswirthschaftlich besten Tracirung in dem konzessionirten Eisenbahnnetze so nahe zu kommen wie möglich.

Die Voranschläge sind dabei nur zu vergleichen unter Annahme gleicher Kosten für gleiche Materialsmengen und gleiche Arbeitsleistungen. Es kommt auf Schachtruthen, Schwellen, Schienen, u. s. w., nicht auf Thaler an.

Hinzuzufügen zum Voranschlage hat die prüfende und entscheidende Behörde die auf voraussichtige Berechnung hin kapitalisirte Betriebslast einer Zukunft ohne Ende. Es kann dies letztere aber nur durch eine Behörde geschehen, deren Vorbildung und Zusammensetzung ihr die Lösung solcher Aufgaben ermöglicht.

4. Stehen mit Rücksicht auf die Natur der Eisenbahn-Unternehmungen und die mit denselben zusammenhängenden Finanz-Operationen einem Verfahren Bedenken entgegen, nach welchem
   a. die verschiedenen, dem Gesetze entsprechenden Concurrenzgesuche um Ertheilung einer Eisenbahnconcession zu dem Zwecke publicirt, um einmal etwaige Concurrenten zur Anmeldung ihrer Bewerbungen binnen einer gesetzlich bestimmten Frist zu veranlassen und sodann etwaige Oppositionen gegen das Unternehmen entgegenzunehmen,

b. die verschiedenen Concurrenzgesuche und Oppositionen noch besonders zur Kenntniss und Beantwortung Seitens der verschiedenen Bewerber gebracht werden.

c. nach Abschluss dieses Verfahrens über die einzelnen Gesuche und Oppositionen von einer collegialisch organisirten Behörde in öffentlichem und contradictorischem Verfahren mit der Wirkung zu entscheiden ist, dass gegen das Votum dieser Behörde und die von derselben vorgeschriebenen Bedingungen eine Conzession nicht ertheilt werden darf.

4) Ich halte es für geboten, nicht die Gesuche um die Erlaubniss zu Vorarbeiten, wohl aber die auf schon fertige innerhalb bestimmter Frist vollendete Vorarbeiten gestützten Anmeldungen zur Mitbewerbung um eine Eisenbahnconzession zu publiciren: aber nicht etwa um weitere Concurrenten in die Schranken zu rufen, sondern um Einsprüche gegen die eine oder die andere Trace oder gegen alle zusammen entgegenzunehmen. Dies scheint mir in Berücksichtigung des Rechtes zur Expropriation und zu anderweitigen Eingriffen in die erworbenen Rechte dritter, welche die die Entscheidung treffende Behörde für die Trace ihrer Wahl bei dem Gesetzgeber zu beantragen hat, wenigstens in einem Rechtsstaate durchaus geboten. Eine Publizirung der Gesuche um Erlaubniss zu Vorarbeiten halte ich deswegen nicht für empfehlenswerth, ja sogar für unbillig, weil Sie der Ehrlosigkeit des Gedankendiebstahls, welche leider auch bei uns zu Lande eingerissen ist und geradezu grassirt, weiteren Vorschub leisten würde.

Aus ähnlichen Gründen sehe ich keinen Vortheil in einer besonderen Mittheilung der verschiedenen Concurrenzgesuche und Einsprüche dagegen an die verschiedenen schon legitimirten Mitbewerber um die Concession.

Ich bedanke mich dafür, in mein Vaterland das System der von den Concurrenten angestifteten, durch besondere Eisenbahnadvokaten vermittelten Einsprüche gegen die Projekte der andern Conkurrenten eingeführt zu sehn, welches in England grassirt. Was noch nicht für alle öffentlich sein kann, muss so lange für alle geheim bleiben.

Gegen das Votum der kollegialischen Fachbehörde, auf

welche hier hingewiesen ist und welche doch etwas ähnliches sein müsste, wie das mir seit lange vorschwebende Oberwegeamt halte ich jeden Einspruch und jede Appellation an eine höhere Instanz, wie etwa den Gesetzgeber, für gänzlich unzulässig. Eben so gut könnte man eine Appellation an den Gesetzgeber für zulässig erklären, wo das Oberbergamt die Schliessung eines Schachts befohlen hat, weil er mit dem Einsturz droht, oder das Ober-Medicinalkollegium das Verbot des Verkaufs von Spielzeug veranlasst hat, welches mit Arsenik gefärbt ist.

5. Ist es zweckmässig bei Ertheilung von Concessionen dem Reiche eine Mitwirkung zuzusichern und in welchem Umfang?

5) Da die Grenzen der einzelnen Staaten ohne Rücksicht auf die volkswirthschaftlich besten Eisenbahnlinien gezogen sind und sich eben deswegen das Eisenbahnwesen unter den öffentlichen Angelegenheiten befindet, welche der Gesetzgebung und Verwaltung des Reichs im Artikel IV. der Reichsverfassung für die Zukunft ausdrücklich vorbehalten worden sind, so liegt es wohl auf der Hand, dass der Uebergang des Eisenbahnwesens auf das Reich frühzeitig ins Auge zu fassen und zur Ausführung zu bringen ist, sobald es ermöglicht sein wird. Ich fühle mich aber nicht befugt, über die Mittel und Wege mich auszulassen, durch welche und auf welchen dieser Uebergang zu ermöglichen ist.

6. Ist es zweckmässig, dass bei Concessionirung einer Eisenbahn die Genehmigung des Gesellschaft-Statuts durch die Normalbehörde erfolge oder erscheint es ausführbar, durch das Gesetz selbst ausreichende Vorschriften, welche die solide Ausführung und die Dauer des Unternehmens sicher stellen, für alle Fälle vorzusehen?

7. Auf welche Punkte würden sich diese Normalbestimmungen namentlich beziehen müssen.

6) Ich glaube, dass bei der bestehenden Gesetzgebung betreffend Aktiengesellschaften, wie dieselbe unter sehr eingreifender Abweichung von den von den Rathschlägen vieler deutschen Volkswirthe in Mainz im Jahre 1869 und unter Abänderung des von der Reichsregierung eingebrachten Gesetzentwurfs aus den Verhandlungen der norddeutschen

Bundesgesetzgebung im Jahre 1870 hervorgegangen ist, das Gesellschafts-Statut einer Eisenbahnaktiengesellschaft allerdings der entscheidenden Behörde vorzulegen und von derselben ausdrücklich zu genehmigen ist. Ich behalte mir vor, die Gründe dieser Ansicht in meiner Beantwortung der auf die Aktiengesellschaft als solche bezüglichen Fragen auszuführen und dann zugleich die Bedingungen anzugeben, unter welchen die subjektive Statuten-Genehmigung durch gesetzliche Vorschriften ersetzt werden kann.

8. Ist es zu Ihrer Kenntniss gekommen, dass bei der Ertheilung der Erlaubniss zu Vorarbeiten und der Concessionen zum Bau Uebelstände zu Tage sind, welche damit zusammenhängen, dass die Entscheidung hierüber derselben Behörde zusteht, welche mit der Verwaltung der Staatseisenbahnen und der Verwaltung einzelner Privateisenbahnen betraut ist? und wenn dies der Fall ist, wie ist diesen Missständen abzuhelfen?

8) Es ist in dieser Beziehung durchaus nichts Greifbares zu meiner Kenntniss gekommen. Wo ich in der Lage war, den gegenwärtigen Herrn Handelsminister *) in seiner praktischen Verwaltungsthätigkeit zu beobachten, habe ich ihn sehr ungleich seinem Amtsvorgänger Herrn von der Heydt zwischen Staatsunternehmung und Privatunternehmung Wind und Sonne gleichmässig vertheilen sehen. Ich habe aber wiederholt den Eindruck bekommen, als ob bei mir unnöthig erscheinenden Verzögerungen in Behandlung der Eingaben von Privatunternehmern ein Nachklang der Praxis des Herrn von der Heydt bei einzelnen Ressortbeamten im Spiele gewesen ist. Unnöthige Verzögerungen können aber für grosse Aktienunternehmungen gegenüber den Wechselfällen des Geldmarkts geradezu vernichtend werden. Die Abhülfe suche ich natürlich, wie schon früher entwickelt, in der Errichtung einer besonderen Behörde, die nur zu entscheiden und zu kontrolliren, und nicht zu verwalten hat.

*) Graf v. Itzenplitz.

IV. Aufsicht.

1. Ist es zweckmässig, während der Bauzeit eine strenge Aufsicht des Staates eintreten zu lassen, welche die Ausführung des Baues und die Ausrüstung der Eisenbahn nach den der Genehmigung zu Grunde liegenden Bedingungen und Voraussetzungen sichert?

1) Ich halte dies nicht für nöthig; ich halte es im Gegentheil für vexatorisch und im Interesse des öffentlichen Dienstes für bedenklich als eine Belastung desselben mit einer Aufgabe, welche auf eine Controlle hinausläuft, die selber wieder Controlle erfordert u. s. f. Die Abnahme des fertigen Baues, der nur auf seine Gefahrlosigkeit hin zu prüfen ist, scheint mir ausreichend und die wahre Staatspflicht.

2. Ist es zweckmässig, dass die Vergebung der sämmtlichen Bauarbeiten unter Leitung von Staatsbeamten im öffentlichen Submissionsverfahren und völlig abgesondert von der Geldbeschaffung erfolge?

2) Nein; das wäre gerade dasselbe als wenn man es beim Häuserbau einführen wollte.

3. Empfiehlt es sich die Ausführung des Baus der Privateisenbahnen durch Staatsbeamte und unter staatlicher Leitung, wie bei Staatseisenbahnen, vornehmen zu lassen?

3) Nein. Auf diese Frage passt dieselbe Antwort, wie auf die vorige. Wir leben in einer freien Monarchie und noch nicht in der rothen Republik.

4. Ist die Aufsicht des Staates auf die Geldbeschaffung und die Ausgabe von Actien auszudehnen?

4) Nein. Ich muss vermuthen, dass diese mir sonst unverständliche Frage eigentlich heissen soll, ob Eisenbahn-Aktiengesellschaften Bauunternehmer und anderweitige Lieferanten sollen mit Aktien bezahlen dürfen oder nicht. Seit langer Zeit haben dies wohl die meisten Eisenbahnaktiengesellschaften gethan, aber keine gern. Sie haben es thun müssen, weil ihnen verboten ist, was ihnen wo anders er-

laubt ist, und was ich mir erlauben werde, in Beantwortung der vierten Frage betreffend Aktiengesellschaften zu spezificiren. Aber auch hiervon abgesehen, sehe ich keinen praktischen Grund, weshalb Bauunternehmer und Lieferanten nicht mit Aktien bezahlt werden sollten. Es handelt sich hier um solidarisch mit einander verbündete Betriebszweige, die auf gegenseitige Unterstützung angewiesen sind, um in Schwung zu kommen. Unsere ganze Industrie würde gelähmt werden und Arbeitsstockungen der allerernstesten Art die Folge sein, wenn die Gesetzgebung oder die Verwaltung erzwingen wollte und könnte, dass jede Leistung eines Unternehmers für einen andern Unternehmer nur durch baares Geld vermittelt werden darf. Soll ich Dir Schienen abkaufen, so vertreibe Du dafür meine Aktien! — das ist eine sehr gesunde Abmachung. Müssen die Schienen bei gesunkenem Kurse der Aktien nominell höher bezahlt werden, um dem Gesetze zu genügen, welches die Ausgabe der Aktien nur zum vollen Werthe erlaubt, aber zugleich die Benutzung der gewährten Conzession in gegebenem Zeitraum verlangt und verlangen muss, so ist dies noch kein öffentlicher Schade, sondern wird erst zu einem solchen, wenn der thatsächliche durch den ersten Uebergang der Aktien in die Hände der Bauunternehmer und Lieferanten nur nothgedrungen verkleidete Coursverlust schlechteren Bau herbeiführt, weil die Lücke im Anlagekapital nicht auf anderem Wege ausgefüllt werden kann, auf demjenigen Wege, den ich mir eben vorbehalte in der Beantwortung der vierten Frage betreffend Aktiengesellschaften zu bezeichnen. Dass der Bau gut und nach dem Voranschlage ausfällt, dafür ist die Abnahme des fertigen Baues durch die Behörde da, und ein Weiteres scheint mir eine unpassende Beschäftigung für eine Regierung. Sie kann sich nicht darum bekümmern, *wie* es gelungen ist, den gesetzlichen Anforderungen zu genügen: dass denselben genügt ist, muss genug sein.

5. Ist es zu empfehlen, die Aufsicht über das Eisenbahnwesen auf das Reich übergehen zu lassen? In welchem Umfange würde dies eventuell einzutreten haben?

5) Diese Frage hängt offenbar mit derjenigen zusammen. ob es zweckmässig sei, bei Ertheilung von Concessionen dem Reich eine Mitwirkung zu sichern. Da die Organisation für beides erst zu schaffen ist, lässt sich die eine nur wie die andere beantworten.

V. Betheiligung des Staats und der Commune beim Eisenbahnbau.

1. Erscheint es rathsam und zur Vermeidung der gegenwärtig bestehenden Missstände erforderlich, in Zukunft nur Staatseisenbahnen herstellen zu lassen? oder den Staatsbau in möglichst weitem Umfang zu begünstigen?

1) Sowie der Staat Häuser baut für Staatszwecke, aber nicht etwa um das Wohnungsbedürfniss des Volks zu befriedigen, so kann er auch Eisenbahnen bauen für Staatszwecke. aber nicht etwa, um das Transportbedürfniss des Volks zu befriedigen. Wenn er eine Eisenbahn baut, etwa aus militairischen Gründen, die sonst Niemand so bauen würde, so kann er auch, um dem Steuerzahler Druck zu ersparen, vermittelst derselben aus dem Privatverkehr soviel pecuniären Vortheil ziehen als möglich, etwa wie er in der Staatsbauschule in Berlin das untere Stockwerk zu Verkaufsgewölben vermiethet hat. Dem Steuerzahler nach Möglichkeit Druck zu ersparen, ist sogar Pflicht. Wenn er aber, wie es früher in Würtemberg und in Hannover angestrebt wurde, alle Eisenbahnen zu bauen unternimmt, oder wenn er auch nur alle zu bauen unternimmt, die ihm rentabel erscheinen und für deren Ausführung er das Geld zu haben glaubt, indem er der Privatunternehmung nur hofflungslose Winkelbahnen überlässt, dann ist er in Gefahr bei der steigenden Rolle der Eisenbahnen den stolzen Kriegsherrn in einen speculirenden Fuhrherrn verwandelt zu sehn, dann ist er in Gefahr das wachsende Beamtenheer der Eisenbahnen sich in einen Gegen-

stand politischen Patronats verwandeln zu sehen, wie es in Belgien schon geworden ist, dann ist er in Gefahr, aus der Eisenbahntariffrage und aus dem Ausbau des Eisenbahnnetzes die grossen parlamentarischen Streitfragen werden zu sehen, bei welchen Provinz gegen Provinz, Stadt gegen Stadt kämpft, bis sich die Streitenden zuletzt auf Kosten des namenlosen Steuerzahlers vereinigen, dem alle Fehler der Tracirung und alle Fehler der Tarifirung erbarmungslos aufgebürdet werden, bis die Last für des Kameeles Rücken zu schwer ist. Dies mögen gerade bei uns noch weitliegende Gefahren sein und ist vielleicht hierin der Grund zu suchen, dass, während alle grossen europäischen Länder fast nur noch die Privateisenbahnunternehmung kennen,*) man

---

*) Indem Frankreich und andere sich den Heimfall der Eisenbahnen an den Staat nach einer vertragsmässigen Reihe von Jahren ausbedungen haben, ist mit dieser Geltendmachung der staatlichen Oberlehnsherrlichkeit über alles unbewegliche Eigenthum durchaus nicht gesagt, dass diese Staaten das Eisenbahnnetz dann auch behalten wollen. Sie können es auch ebenso gut wieder verkaufen und werden dies wahrscheinlich thun, um ihre Schulden damit zu bezahlen.

Die Stimmen, welche sich jeweilig in England hören lassen und Ankauf der Eisenbahnen durch den Staat verlangen, gehen von den Besitzern der Actien derjenigen Bahnen aus, welche in der bei der gegenwärtigen Dichtigkeit des dortigen Netzes athemlosen Concurrenzjagd den Kürzeren ziehen. Von Seiten dieser Leute ist dies begreiflich genug, aber ebenso auch vom englischen Steuerzahler, wenn er bisher durchaus dazu keine Lust gezeigt hat. Abwarten!

Als indische Regierung hat die englische Regierung sich neuerlich allerdings zum Bahnbau entschlossen. Aber man betrachte wohl, warum und in welcher Weise. Sie hat zuerst die Privatunternehmung alle Eisenbahnen bauen lassen, welche dieselbe dort dazu für rentabel genug hielt. Zwölfhundert deutsche Meilen Eisenbahn, die vorzüglich sämmtliche Baumwollengebiete mit einander verbinden, sind auf diese Weise von der Privatunternehmung übernommen und grösstentheils schon ausgeführt worden. Dies ist der indischen Regierung, um das Land sicher im Zaum halten zu können, in der Weise wie die Römer durch Poststrassen ihre Provinzen im Zaum hielten, aber nicht genug. Die indische Regierung wird daher nun diejenigen ihr nöthig erscheinenden Bahnen bauen, welche der Privatunternehmung nicht rentabel genug erschienen sind. Es sind also Staatsbahnen zu Militairzwecken, wie oben.

es bei uns mit der Wahl zwischen Staats- und Privateisenbahn-Unternehmungen sehr leicht nimmt. Aber es sind diese im Hinblick auf eine entferntere Zukunft aufsteigenden Bedenken durchaus nicht die einzigen, welche vor jeder nicht etwa durch Rücksichten der auswärtigen Politik oder militärische Rücksichten bedingten Ausdehnung des Staatseisenbahnbaus und vor allem des Staatseisenbahnbetriebes warnen sollten. Die Regierung als Eisenbahntransporteur kann niemals der Mannigfaltigkeit des localen Bedürfnisses und gesundem Wetteifer zwischen Localität und Localität gerecht werden. Das Beispiel der Briefpost passt nicht für den Personen- und Frachtenverkehr. Auf den Personen- und Frachtenverkehr ist kein allgemein gültiges Princip der Tarifirung anwendbar, wie auf die Briefpost. Weder die Entfernung, welche früher das Porto regelte, noch die gänzliche Nichtbeachtung der Entfernung, welche es in viel vernünftigerer Weise jetzt regelt, sind auf den Personen- und Frachtentransport anwendbar. Wenn das Eisenbahngewerbe kräftig gedeihen und den grösstmöglichen und am gerechtesten vertheilten Segen dem Lande bringen soll, kann es der Differentialtarifirung, ja der Fracht-Rabatte nicht entbehren, welche doch eine den Transport übernehmende Regierung in grenzenlose Verlegenheiten stürzen müssen. Ob z. B. das für England bestimmte ungarische Getreide, welches durch unser Land transportirt wird, seinen Weg über Stettin oder über Hamburg nimmt, dies hängt von den wechselnden Seefrachtpreisen in Verbindung mit den Eisenbahnfrachtpreisen ab, und es muss den Eisenbahntransporteuren nicht blos im eigenen, sondern auch im Interesse der Handelsstädte, denen sie dienen, überlassen bleiben, ihre Frachtpreise den auf verschiedenen Verbindungen zur See stets verschieden wechselnden Seefrachtpreisen, so anzupassen, dass bestehender Verkehr dadurch vertheidigt oder auch um Vermehrung des localen Verkehrs geworben werden kann. Die Mitbewerbung ist das Lebensprincip der Cultur. Die Regierung als Transporteur kann aber nicht mit sich selbst concurriren. Sie kann der Selbsthilfe keinen Vorschub leisten und muss die

Vertheilung in vielen Fällen dem Zufall überlassen, wo mit demselben in erhöhter Anstrengung gerungen werden könnte.

Da die gestellte Frage sich indess nur auf den Bau, nicht auf den Betrieb der Eisenbahnen durch den Staat bezieht, so will ich mir erlauben, darauf aufmerksam zu machen, dass die Frage einer Trennung des Baues vom Betriebe, mit dem Staatsbau auf der einen und der allgemein gesetzlichen Betriebsfreiheit auf der andern Seite, österreichischerseits auf die Tagesordnung des nächsten Congresses der deutschen Volkswirthe zu Wien am 11. August dieses Jahres gebracht worden ist. Meinungen und Erfahrungen auf breitester geographischer Grundlage, da es dort auch an fremdländischer z. B. englischer, holländischer, belgischer, schweizerischer, ja russischer Vertretung nicht fehlen wird, werden dort aufeinander platzen. Die immer gebieterischer werdende Berücksichtigung des oceanischen Verkehrs, des vornehmsten unter allen, beim Eisenbahnbau und Eisenbahnbetriebe — eine Berücksichtigung, welche mancher europäischen Gesetzgebung und selbst Verwaltung noch fern liegt, — wird sich in lehrreicher Weise, aus der Praxis heraus in die Discussion dringend, geltend machen; und möchte ich deswegen das eigene Urtheil, soweit es diesen discriminirenden Vorschlag betrifft, noch zurückhalten.

2. Ist es zweckmässig die Betheiligung der Communal-Verbände (Provinzen, Kreise pp.) bei dem Bau von Eisenbahnen, besonders von solchen überwiegend lokaler Natur, zu begünstigen und ist mit Rücksicht hierauf bei einer etwa eintretenden Concurrenz den Communal-Verbänden ein Vorzugsrecht oder eine sonstige Begünstigung einzuräumen? oder stehen einer solchen Begünstigung mit Rücksicht auf die Schwierigkeit des Betriebes Hindernisse entgegen?

2) Ich halte die kommunalen Verbände als ausschliesslich wirthschaftliche Gebilde für sehr wohl geeignet, sich am Eisenbahnbau zu betheiligen und sehe ihre Betheiligung als den Weg an, auf welchem diejenige Vervollständigung des Eisenbahnnetzes sich durchsetzen lässt, zu welcher es für die Privatunternehmung an ausreichendem Anlass fehlt. Ich muss aber bemerken, dass ich dabei wirklich ausschliesslich wirth-

schaftliche Lokalverbände voraussetze und als solche nur diejenigen anerkennen kann, welche nach dem Beispiele Englands. ausschliesslich auf Bodenbesteuerung angewiesen sind. Wenn dergleichen Kommunalverbände Eisenbahnen bauen oder sich am Privat-Eisenbahnbau durch Zuschüsse, in welcher Form es sei. betheiligen. so ist dies nur eine Heranziehung des doch sehr realen Adjacenten-Interesses zur Eisenbahnunternehmung, da wo für den Unternehmer, welcher nicht zugleich Adjacent ist, der in Aussicht stehende Gewinn nicht verlockend genug ist. Ein Beispiel, bei welchem die Betheiligung eines Kommunalverbandes, welcher nur Bodenbesteuerung kennt, also eigentlich eines Adjacentenverbandes, am Eisenbahnbau in besonders helles Licht tritt, bilden Stichbahnen oder Sackbahnen, wie man sie nun nennen will, zur Erschliessung von Gebirgsthälern. Für die beste Form der Betheiligung der Kommunalverbände halte ich die Uebernahme durch dieselben von sogenannten Garantie-Aktien, d. h. von Aktien, auf welche erst dann aus den Jahresbeiträgen eine Dividende zur Vertheilung kommt, wenn nicht blos die Zinsen der Obligationen gedeckt, sondern auch auf die Unternehmer-Aktien eine Dividende von gewisser Höhe, welche von vornherein übereinkünftlich festzusetzen ist, schon zur Vertheilung kommen konnte. Wie sich übrigens die Kommunalverbände mit den Unternehmern einigen, dies muss ganz und gar den Betheiligten überlassen bleiben, und ist nur dafür zu sorgen, dass die volkswirthschaftlich beste Trace nach Möglichkeit zu ihrem Rechte kommt, was geschieht, wenn die Behörde, welche die Konzession zu ertheilen hat, an dem früher von mir skizzirtem Verfahren festhält. Den Kommunalverbänden und den Unternehmern, welche mit ihnen kontrahiren, darf jedenfalls auf *diesen* Titel hin bei der Konzessionsertheilung kein Vorrecht gegen Dritte eingeräumt werden.

VI. Fragen, die Actien-Gesellschaften betreffend.

1. Treffen in Beziehung auf die Actien-Gesellschaften, welche den Bau und die Verwaltung von Eisenbahnen zum Gegenstande haben, die allgemeinen Vorschriften über Actiengesellschaften zu, oder welche Abweichungen bedingt die Natur des Eisenbahnwesens?

1) Nach meiner Ansicht und nach allen in der ganzen civilisirten Welt gemachten Erfahrungen, giebt es für die Eisenbahnunternehmung keine bessere Form, als die der anonymen Aktiengesellschaft und ebenso für die anonyme Aktiengesellschaft kein besseres Unternehmungsprojekt, als, neben der Wasserversorgung der Städte, neben der Gasleitung und Fabrikation, neben dem Kanalbau und dem Brückenbau, kurz allen Unternehmungen, bei welchen ein für allemal festgelegtes Kapital die Hauptsache bildet, eben der Eisenbahnbau. Die wirklich mit der Form der anonymen Aktiengesellschaft verknüpfte Gefahr beschränkt sich auf den Verlust des Anlagekapitals oder auf seine verkleidete Rückerstattung an die Aktionäre, wie sich dies aus der sehr gründlichen Diskussion auf dem Kongresse der deutschen Volkswirthe zu Mainz im Jahre 1869 sonnenklar herausgestellt hat. Gerade bei einer Eisenbahn ist solcher Verlust oder solche Rückerstattung unmöglich, wenigstens wenn darauf gesehen wird, dass nur wirkliches Anlagekapital und nicht etwa auch Betriebskapital durch die Aktien vertreten ist. Bei Abfassung der Reichsgesetzgebung betreffend die Aktiengesellschaften, hat man leider sowohl im Regierungsentwurf wie in noch höherem Grade in der schliesslichen Fassung, die Warnungen in den Wind geschlagen, welche in Mainz, unterstützt durch so ausführliche Begründung, laut wurden und den Fehler begangen, alles, was nach gesetzlichem Begriffe Handelsunternehmung ist, als geeignet für den Betrieb durch Aktiengesellschaften zu erklären, und andererseits Normativbedingungen für Aktiengesellschaften zu fassen, als wenn es sich bei denselben nur um Handelsunternehmungen drehe. Es geschah dies, soviel ich mich

erinnere, unter dem gleich Anfangs erhobenen lebhaften Einspruch des Abgeordneten Schulze-Berlin, dessen Sachkenntniss gemeinschaftlichen Geschäftsbetriebes überhaupt schwerer wiegen dürfte als diejenige irgend eines anderen Mannes bei uns zu Lande. So ist es gekommen, dass die Aktiengesellschaft selbst auf den Bergbau ausgedehnt worden ist, bei welchem das Anlagekapital durch die unausbleibliche Erschöpfung des Lagers, welche die Schachte nutzlos macht, zuletzt ganz verloren gehen muss, und auf den Erwerb und die Parzellirung des Bodens, bei welcher es sich nur um einen einmaligen Kapitalsumsatz handelt und jeder erzielte Gewinn von der Herausnahme eines Kapitalantheils aus der festen Veranlagung begleitet ist. Und es kommt noch dazu, dass die Anwendung der Form der Aktiengesellschaft diese ungehörige Ausdehnung unter Verdrängung der Gewerkschaft und Genossenschaft, welche hier allein passen, erfahren hat unter Vergrösserung der Gefahr durch das Verbot, eigene Aktien zurückzukaufen, und durch die Erschwerung ihrer systematischen Tilgung, bei welchen Vorsichtsmassregeln natürlich an Banken, aber nicht an Bergwerks- und Terraingesellschaften gedacht worden ist.

2. Ist an folgenden Vorschriften des Aktiengesetzes:

a. wegen der vollen Zeichnung des Grundkapitals vor der Bildung der Aktiengesellschaft,

b. wegen Einzahlung von mindestens 10% auf jede gezeichnete Aktie,

c. wegen der Gewährung von Zinsen in gesetzlich unbegrenzter Höhe während der Vorbereitungszeit,

d. wegen Verbots der Ausgabe von Aktien vor erfolgter Einzahlung des vollen Nominalbetrages,

e. wegen des Stimmrechts der Aktienbesitzer in der Generalversammlung,

f. wegen des Verbots des Rückerwerbs eigener Aktien durch die Gesellschaft

festzuhalten, oder welche abweichenden Vorschläge werden gemacht?

2) Ich halte bei der Eisenbahnunternehmung das Verlangen des Gesetzes, dass die volle Zeichnung des Grundkapitals vor Bildung der Aktiengesellschaft erfolgt sein müsse, nur unter zwei Gegenbedingungen, welche in unserer Gesetz-

gebung aber nicht erfüllt sind, für nutzbringend und gerecht und dann also für zulässig. Erstens muss in dem bei der Konzessionirung genehmigten Voranschlage nur solches Kapital in Rechnung gebracht sein, welches wirklich in feste Veranlagung übergehen soll, und zweitens muss die Verpfändung der Anlage selbst wie der Betriebsmittel nicht unter Erlaubniss der Verwaltung, sondern unter gesetzlicher Normirung, wie solche in England und Frankreich besteht und wie ich mir in Beantwortung der vierten Frage anzugeben und zu erläutern vorbehalte, zulässig sein.

Ich sehe keinen Grund, weshalb bei der Eintragung einer Eisenbahn-Aktiengesellschaft von der Forderung einer ersten Einzahlung abgewichen werden sollte, halte aber bei einem Eisenbahn-Unternehmen den Satz von 10 Prozent für zu hoch gegriffen und würde den Satz von 5 Prozent vorziehen, denselben, welchen die Verwaltung bei Zuertheilung der Konzession als ausreichende Sicherheit für die Ausführung betrachtet. Der Handelsrichter sollte angewiesen sein, was er nicht ist, die Quittung der Behörde, welche die Konzession zuertheilt, zugleich auch als erste Einzahlung zu behandeln.

Ich sehe keinen Grund für eine gesetzliche Beschränkung des Zinssatzes der Aktien bis zum Beginn des Vollbetriebes. Ich würde im Gegentheil eine solche Beschränkung für äusserst gefährlich in mehr als einer Richtung ansehen. Steigt der landesübliche Zinsfuss, vorzugsweise der von Banken für die vorschussweise Uebernahme von Einzahlungen verlangte Zinsfuss über den gesetzlich festgesetzten hinaus, so ist es mit der Möglichkeit der prompten Einzahlungen zu Ende. Wer sich verpflichtet hat, bis zum Beginn des Betriebs das von ihm gezeichnete Kapital zu beschaffen, braucht es darum noch nicht bereit zu haben und hat es in 99 Fällen von 100 gewiss nicht bereit. Er nimmt es zunächst auf die Sicherheit der ersten Einzahlung auf, die er wirklich aus bereiten Mitteln gemacht hat, weil sie sich nur aus solchen machen lässt. Hat ihn dann sein Bankhaus mit höheren Zinsen für die ferneren Einzahlungen zu belasten, als diese Einzahlungen selbst abwerfen, so kommt der Verlust zunächst in Abzug von den Zinsen, welche die erste Einzahlung abwirft, und damit wird die Sicherheit für den Kredit gestört, welcher gar nicht zu entbehren ist, wo es sich um regelmässig vertheilte Einzahlungen auf eine so grosse Summe handelt, als regelmässig im deutschen Reiche in Eisenbahnen verbaut wird. Denn es handelt sich dabei mit Nothwendigkeit um einen grossen Theil solchen Kapitals, welches nur langsam aus seiner bisherigen Veranlagung gezogen werden kann, um für die neue Veranlagung verwandt zu werden. Wollte man die Verzinsung während der Bauzeit beschränken, dadurch die Einzahlungen auf Kredit in ihrer Ausdehnung kürzen und ein schnelleres Herausziehen des die Aktienzeichnungen deckenden Kapitals aus seiner Veranlagung erzwingen, so würde man damit den Zinsfuss, ausserhalb des gesetzlichen Zinsfusses für die Einzahlung, nur um so höher treiben, ihn wahrscheinlich zeitweilig auf eine ganz furchtbare, die Nationalwirthschaft in vollständige Unordnung bringende Höhe treiben. Ich verstehe übrigens nicht, weshalb zu befürchten ist, dass mit der Verzinsung der Einzahlungen während der Bauzeit, welche letztere ja durch die Konzession selbst beschränkt ist, Missbrauch getrieben werden könne. Ein Abzug allzuhoher Zinsen während der Bauzeit von dem auf den Bau zu verwendenden Kapital, also eine Ueberschätzung zu diesem Zwecke des auf Aktien zu vertheilenden Kapitals, d. h. eine Vergrösserung des Divisors, durch welchen die Gesammt-Dividende zutheilen ist, wirkt gerade so abschreckend auf den Ankauf und damit auf den Preis der Aktien, als die sehr vorübergehend hohe Verzinsung dazu anlocken mag. Denn diese Rechnung wenigstens kann sich Jeder machen. So dumm, um auf ein solches Lockmittel anzubeissen, ist selbst diejenige Dummheit nicht, zu deren Schutze, wie der Herr Staatsminister Delbrück mit Recht bemerkt hat, kein legislatorisches Kraut gewachsen ist.

Das Verbot der Ausgabe von Aktien vor erfolgter Einzahlung des vollen Nominalbetrages scheint mir auf Eisenbahn-Actiengesellschaften angewendet überflüssig. da das öffentliche Interesse, welches sich um die gesicherte Ausführung des im Voranschlage übernommenen Baues dreht, bei der Eisenbahn-Konzessionirung schon anderweitig gewahrt ist.

Für eine Aenderung des Stimmrechts der Aktienbesitzer in der Generalversammlung. also für Aufhebung der Freiheit dasselbe im Gesellschaftsvertrage nach Gutdünken festzusetzen, sehe ich, soweit es sich um Eisenbahnaktiengesellschaften handelt. keinen Grund. Eine gesetzliche Normirung des Stimmrechts wäre auch bei einer Gesellschaft mit nur anonymen Mitgliedern leeres Gerede.

Das Verbot des Rückerwerbes eigener Aktien durch die Gesellschaft hat nach meiner Ansicht nur Sinn, wenn auf Eisenbahnaktiengesellschaften angewendet. bis zur erfolgten Abnahme des fertigen Baues durch die kontrollirende Behörde. Von diesem Augenblicke an scheint es mir im öffentlichen Interesse ganz sinnlos und für die Eisenbahnunternehmung eher hinderlich als förderlich zu sein. Denn die eigenen Aktien sind eine ganz passende Anlage zum Beispiel für den Reservefonds. welchen eine verständige Eisenbahnaktiengesellschaft kaum hoch genug greifen kann. In dem möglichen Einflusse auf das Stimmverhältniss in den Generalversammlungen sehe ich bei Eisenbahnaktiengesellschaften keine Gefahr, wenn sie die ersten Zeichner und späteren Käufer der Aktien nicht sehen. Es scheint mir am natürlichsten alle derartigen Bestimmungen dem Gesellschaftsvertrage zu überlassen und nur die Ausführung dieses letzteren durch das Gesetz zu erzwingen.

3. Empfiehlt es sich Bestimmungen zu treffen,

a. wegen der Maximalzahl der bei Generalversammlungen in einer Hand zu vereinigenden Stimmen,

b. wegen der Gewährung besonderer Vortheile an die Gründer?

3. Die Festsetzung einer Maximalzahl der Stimmen in einer Hand in der Generalversammlung halte ich, wie früher schon angedeutet, soweit das Uebergewicht einzelner Aktio-

naire dadurch verhindert werden soll, für einen legislatorischen Schlag in's Wasser. Soweit von der Freiheit, eine unbeschränkte Stimmenzahl in einer Hand zu vereinigen, eine Wirkung zu erwarten ist, ist es weit eher die wohlthätige, dass auf diese Weise der ausserhalb des Ortes der Generalversammlung verstreute kleinere Aktienbesitz zur Vertretung auf der Generalversammlung gelangen kann. Mir schwebt dabei eine ganz bestimmte sehr lehrreiche Erinnerung vor. In einer bergbautreibenden Provinz hatte sich eine Anzahl Grubenbesitzer, Steinbrucheigenthümer u. s. w. zusammengethan, um eine Anzahl Aktien einer der grössten Eisenbahngesellschaften in dieser Provinz anzukaufen und in Verbindung mit den ebenfalls der Provinz angehörigen Vorständen der Gesellschaft, die zum Theil ebenfalls dabei interessirt waren, zum Theil aus provinziellem Patriotismus handelten, in der Generalversammlung den Beschluss durchzusetzen, dass beiläufig sehr kostspielige Zweigbahnen in ihre Reviere hinein gebaut würden. Das Consortium, welches sich zu diesem Zwecke gebildet hatte, war aber noch weit davon entfernt, die Mehrzahl der Aktien schon in seinen Besitz gebracht zu haben. Es ward eben darauf gerechnet, dass die in den kleinen Städten anderer Provinzen, vorzüglich der Provinzen Brandenburg und Sachsen, sehr zahlreich in kleinen Summen verstreuten Aktien der Gesellschaft auf der Generalversammlung nicht zur Vertretung kommen würden. Denn dass die Rentabilität des Unternehmens durch die Zweigbahnen jedenfalls auf eine Reihe von Jahren hinaus geschädigt werden würde, war mehr als wahrscheinlich. Die Berliner Börsenzeitung erhub den Warnungsruf, welcher auf diese Weise auch zu den verstreuten Aktienbesitzer gelangte. Die verstreuten Aktien strömten nun als anvertrautes Gut den Berliner Bankhäusern zu, welche sich zusammenthaten und den Herausgeber der Börsenzeitung, Herrn von Killisch, mit sämmtlichen auf diese Weise aufgehäuften Aktien, die weitaus die Mehrzahl bildeten, in die Generalversammlung schickten, wo er dann den gefürchteten Beschluss vereiteln konnte. Die Provinz setzte im nächsten Jahre ihren Willen zwar doch durch, aber nur, indem sie die Mehrzahl der Aktien auch wirklich aufkaufte, also nun von dem was ihr lokalen Vortheil brachte, in der bedrohten Dividende auch die Last übernahm. Dies war doch ganz in der Ordnung und wäre vielleicht nicht geschehen, wenn ein gesetzlicher Maximalsatz der in der einzelnen Hand zu vereinigenden Stimmen den lokalen Aktienbesitzern das Uebergewicht über die externen gegeben hätte. Es giebt wenig gesetzliche Waffen gegen die natürliche und berechtigte Macht des Eigenthums, welche nicht entweder stumpf oder, wenn schneidig, eben zweischneidige Schwerter sind.

Eine gesetzliche Beschränkung der besonderen Vortheile, welche vor allem gerade eine Eisenbahngesellschaft ihren Begründern zu gewähren Anlass finden mag, halte ich für ganz unzulässig und für geeignet, gerade der Eisenbahnbauunternehmung bald überhaupt ein Ende zu machen. Das Schimpfen über Gründergewinne ist billig: Aktiengesellschaften zu gründen, um neue Eisenbahnen auszuführen, ist mühselige, kostspielige und gefahrvolle Arbeit und wird immer schwerer, je mehr die mit Sicherheit einträglichen Linien des nationalen Eisenbahnnetzes ausgebaut und nur Erweiterungen desselben mit zweifelhaftem oder schwerer im Voraus zu beweisenden pekuniärem Erfolge übrig sind. In diesem letzteren Verhältniss ist die Hauptursache zu suchen, weshalb die Aktien vieler noch im Bau befindlichen Eisenbahnunternehmungen nur mit grossem Coursverluste unter ein grösseres Publikum zu bringen gewesen sind. Wer den Anspruch der Begründer eines Eisenbahnaktienunternehmens nicht blos auf Entschädigung, sondern auf namhaften Gewinn nicht begreift, der begreift die Triebkraft nicht, welche die Cultur allein mit Sicherheit zu tragen und zur Wohlthat für Alle auf ihrer Bahn stets vorwärts zu drängen vermag. Und er muss sehr wenig von den Opfern, welche zu bringen sind, und der Unsicherheit der Aussichten, die in den Kauf zu nehmen ist, ehe der Betrieb auf einer neuen Eisenbahn eröffnet werden kann, wissen. Die Schwierigkeiten beginnen schon bei der Einigung der ersten wenigen Männer, welche sich einen Gedanken zu eigen zu machen haben, der natürlich zuerst in einem einzelnen Kopfe entsprang. Jetzt wenigstens, wo es sich längst nicht mehr um so durchsichtige Gedanken handelt, wie derjenige einer Eisenbahn von Leipzig nach Magdeburg, ist die Aneignung genau desselben ersten Gedankens auch nur durch eine geringe Personenzahl auch erfahrungsmässig keineswegs leicht. Die Schwierigkeit, eine Anzahl Köpfe unter denselben Hut bringen, begann in der Zeit, in welcher jene leicht aufzufindenden Eisenbahnbauten unternommen wurden, schon bei der Gründung der Anhaltischen Eisenbahngesellschaft, jetzt eine der erfolgreichsten, von denen die Welt überhaupt weiss. Auf welchem Wege war Berlin mit den zuerst jenseit der Elbe entstandenen Bahnen zu verknüpfen? die Berliner Fabrikanten und die Bankiers, die sich bei diesen erkundigten, wollten nichts von einer Verbindung wissen, die nicht geraden Wegs nach Leipzig führte. Der preussische Patriotismus verlangte Halle oder Magdeburg als Ausgangspunkt, und Viele konnten überhaupt nicht begreifen, welche Bedeutung die Stadt Berlin für den Güterverkehr der Eisenbahnen habe, und dachten nur an den Verkehr der Reisenden zu ihrem Vergnügen, so dass ihnen wohl gar Dresden als der beste Anknüpfungspunkt erschien. Dabei hatte man sich mit Schwierigkeiten abzufinden, welche von den Regierungen erhoben wurden. Die Eisenbahn, die nach Berlin führte, sollte eine Festung passiren. Als endlich der zaghafte Gedanke geboren war nach Köthen zu bauen, musste jeder Einzelne, dessen Hülfe nöthig war, durch endlos wiederholte Beweisführung, dass dies zweckmässig sei, überzeugt und gewonnen werden. Nur Männer von Stellung in der Gesellschaft, deren Zeit hohen Werth hatte, konnten dies fertig bringen und konnten es nur, indem sie ihre ganze Zeit und ihre ganze Energie daran setzten. In jenen frühen Zeiten haben die ersten Begründer des Unternehmens ihren Ersatz gewöhnlich in dem Eintritt in die besoldete und durch Tantième belohnte Direktion des Unternehmens gesehen und dies geschieht theilweise noch heute, wo dieser erste Abschnitt der nothwendigen persönlichen Kraftanstrengung bei der nothwendigen Berücksichtigung der Conkurrenzen noch so sehr viel bedeutsamer geworden ist. Die Tantième ist aber doch ungefähr dasselbe, was heute Gründer-Aktien sind. Capitalisire man die vorkommenden Erträge der Eisenbahndirektoren-Tantièmen mit dem Multiplikator, mit welchem das Publikum die Dividende zu multipliciren pflegt, um den Courswerth der Aktien zu berechnen, und man hat moderne Gründungs-Aktien in höherem Betrage als dieselben vielleicht jemals durch Deckung der Gründungsunkosten aus den Erträgen des ersten Betriebsjahres — einer gerade bei Eisenbahnen vollständig absurden gesetzlichen Beschränkung — vorgekommen sind.

Auf diese ersten mit der Zeit immer schwerer gewordenen wesentlich kaufmännischen Kraftanstrengungen folgen die technischen Vorarbeiten. Sie unterscheiden sich von demjenigen Opfer, welches ihnen vorangeht, nur äusserlich und zwar dadurch, dass diese Anstrengung sich für die ersten Unternehmer ganz und gar als Geldopfer fühlbar zu machen pflegt. Auch vorher ist schon mit Geld gearbeitet worden. Commis, Statistiker und dergl. sind bezahlt und viele Reisen von Stadt zu Stadt gemacht worden mit einem Aufenthalte, dem sich nicht willkürlich ein Ziel setzen liess. Wieviel die technischen Vorarbeiten im einzelnen Falle kosten werden, dies lässt sich nicht voraus bestimmen und dies ist wieder einer der Umstände, welche eine gesetzliche Beschränkung besonderer Vortheile für die ersten Unternehmer als ganz ungehörig und als dem Unternehmungsgeiste schädlich erscheinen lassen. Die Kosten der technischen Vorarbeiten pflegen in Deutschland etwa 400-600 Thlr. für die Meile zu betragen; es wird mit denselben aber lange nicht so Ernst genommen, wie in England, und ich habe aus sehr ausgedehntem Studium des europäischen Eisenbahnnetzes, der Beförderungskosten und der Bruttoerträge auf denselben, mich der Ueberzeugung nicht erwehren können, dass selbst auf der norddeutschen Ebene unser Eisenbahnnetz schon wegen unzureichender Vorarbeiten und nicht bloss wegen Mangel des Masses der volkswirthschaftlich besten Trace nicht das ist, was es sein könnte und was es sein sollte. Wer bei Anordnung von Vorarbeiten spart. vorzüglich wer, um zu sparen. vergleichende Vorarbeiten unterlässt. der spart meist auf seine Kosten und zwar derartige Kosten, dass die Ersparniss zu denselben in keinem Verhältnisse steht.

Die unbezahlten wie die bezahlten Anstrengungen. welche gemacht werden müssen, ehe eine Concession beantragt werden kann. sind nun aber zunächst einmal, bis die Concession wirklich erworben ist. dann aber auch noch weit darüber hinaus, doch nichts weiter als ein Einsatz in eine Lotterie. Er kann auf ein Loos gesetzt sein, welches — nicht gewinnt — doch die Möglichkeit des Gewinnes eröffnet: er kann aber auch auf ein Loos gesetzt sein. welches schon in der ersten Klasse mit einer Niete herauskommt. Glaubt man nun, dass Jemand den Einsatz noch leisten wird; wenn eine gesetzliche Beschränkung des durch die Concession auch erst möglich werdenden Gewinnes das Loos, das dann noch durch manche Klasse zu laufen hat. in welcher es zur Niete werden kann. vielleicht um Vieles weniger werth macht. als der Einsatz unvermeidlich beträgt?

Bis jetzt ist denjenigen. welche die ersten fertigen Vorarbeiten für eine neue Verbindung durch Eisenbahn einreichen. keinerlei Vorrecht auf Erwerbung der Concession zugestanden worden und es müsste auch niemals, wie ich mir in Beantwortung der Frage betreffend die Ertheilung der Concession auszuführen erlaubt habe. in anderer Form geschehen. als dass zu den Vorarbeiten Jeder zugelassen. aber ein Termin gesetzt wird. bis zu welchem sie fertig eingereicht sein müssen. und dann alle diejenigen von der Mitbewerbung um die Concession ausgeschlossen sind. welche nicht fertig wurden.

Wie nun. wenn fünf Verbände von Unternehmern sich um die Concession zu derselben Eisenbahnverbindung bemühen und fertige Vorarbeiten zur rechten Zeit einreichen? dann hat doch Jeder der fünf Verbände nur ein Fünftel Aussicht seine Zeit. seine Mühe und sein Geld nicht weggeworfen zu haben, muss also für den Fall seines Erfolges fünffachen Ersatz in Aussicht haben.

Wird dies durch gesetzliche Beschränkung verhindert so werden möglicherweise, ja wahrscheinlicher Weise alle zusammen abgeschreckt und eine, wie die Zahl der Bewerber beweist, voraussichtlich sehr einträgliche, d. h. für das Land sehr nützliche Eisenbahnverbindung gar nicht hergestellt Denn wer setzt in eine Lotterie mit fünf Losen und nur einem Gewinne, der in der Rückerstattung des Einsatzes besteht?! Jetzt, wo eine gesetzliche Form für die offene Mitbewerbung um eine Eisenbahnkonzession nicht vorhanden, macht sich die Vergütung für die gemachten Anstrengungen und für die Kosten der Vorarbeiten, wo mehrere Bewerber einander entgegenstehen, anders. Die verschiedenen Verbände von Unternehmern pflegen sich entweder zu einigen und die ihnen bis zur Einigung erwachsenen Kosten nach übereinkünftlicher Festsetzung zusammenzuwerfen, oder der mächtigere Verband kauft dem weniger mächtigen die Concurrenz ab, in runder Summe, die dann in seine eigene Kostenrechnung übergeht. Dies wird vielleicht auch bei gesetzlicher Regelung der Mitbewerbung geschehen und zwar ohne Schaden. Denn wenn es sich um ein besonders gewinnversprechendes Unternehmen handelt, ist es kein Schade, wenn auch die nicht erfolgreichen Mitbewerber um dasselbe auf diese Weise wenigstens zu ihren Kosten kommen. Und ist es ein nicht besonders gewinnversprechendes Unternehmen, so wird jeder Mitbewerber sich hüten es auch noch mit entstandenen Kosten anderer Mitbewerber zu belasten. Die Vereinigung wird dann nicht stattfinden, der Abkauf nicht erfolgen, etwaige Spekulation auf den letzteren aussichtslos sein. Bei einem besonderen Gewinn versprechenden Unternehmen schadet aber selbst solche Spekulation nicht. Es wird dann bei einem solchen der in Aussicht stehende und kühn antizipirte Gewinn nur in ausgedehnterem Masse dazu benutzt, mannigfaltigere Vorarbeiten zu versuchen und dies ist reiner Segen im Interesse der bestmöglichen Tracirung des Eisenbahnnetzes. Eine gesetzliche Beschränkung der Gründungskosten, etwa auf einen bestimmten Procentsatz oder gar auf einen festen Satz, wäre nichts weiter als Beschränkung der Intelligenz und der Mühwaltung bei der Unternehmung, welche noch wichtigere wirthschaftliche Faktoren sind als der Muth und das Kapital.

4 Ist mit Rücksicht auf die Natur des Eisenbahnbanes zu gestatten oder zu verbieten, oder in gewissem Masse zu beschränken?
a. dass für die Dauer der Bauzeit Zinsen gewährt werden,
b. dass das Grundcapital in Actien von verschiedenem Werthe (Prioritäts-Actien) zerlegt,
c. dass die Preise mit den Bauunternehmern und Lieferanten in Actien statt in baarem Gelde bedungen,
d. dass die gesammte Herstellung oder einzelne Rubriken der Generalentreprise gegeben werden.

4 Die Antwort, welche ich auf das Alinea b. der zweiten Frage dieses Abschnittes gegeben habe, schliesst in sich, dass ich Gewährung von Zinsen während der Bauzeit für selbstverständlich halte. Sie gehören zum Anlagekapital der Eisenbahn.

Die Frage, ob ich die Zerlegung des Grundkapitals in Aktien von verschiedenem Werthe (Prioritäts-Aktien) für zulässig halte, will ich nun dahin beantworten, dass ich dies nicht bloss für zulässig, sondern es für eine wirthschaftliche Plumpheit halte, wenn es nicht geschieht, und will hinzufügen, dass ich in der Befugniss, Obligationen während der Bauzeit auszugeben und zwar innerhalb eines bestimmten gesetzlichen Verhältnissmaasses, ohne alle besondere Erlaubniss, wie es in England und Frankreich geschieht, das Mittel sehe, den Bedürfnissen der Eisenbahnunternehmung in einer Form gerecht zu werden, welche zugleich Genauigkeit und zugleich Oeffentlichkeit der Unternehmung in allen ihren Theilen möglich macht. Die englische Gesetzgebung, für welche, unter Cautelen, welche diese Wahl als eine fehlerhafte bezeichnen, der Gesetzgeber das Ober-Wegeamt bildet, sagt in der Richtschnur oder Geschäftsordnung (Standing orders) für Ober- und Unterhaus:

Eisenbahngesetze:

„Durch eine Eisenbahn-Konzession soll keine Gesellschaft berechtigt sein, mittelst Anleihe oder Verpfändung, eine grössere Summe als ein Drittel ihres Kapitals aufzunehmen; und, wenn nicht 50 Prozent von dem ganzen Kapital eingezahlt sind, soll die Gesellschaft nicht berechtigt sein, irgend eine Summe als Anleihe oder Verpfändung aufzunehmen, wenn nicht der Ausschuss für den Gesetzvorschlag befinden sollte, dass diese Einschränkung oder einige von ihnen nicht in Kraft treten sollen aus Gründen, auf denen des Ausschusses Meinung fusst.

Man beachte wohl: Die Unternehmer einer Eisenbahn können also jetzt in England Obligationen ausgeben, sobald sie die Hälfte des für die Eisenbahn bewilligten Capitals eingezahlt haben, und zwar bis auf Höhe eines Drittels des Gesammtcapitals oder zweier Drittel der eingezahlten Hälfte desselben und zwar ohne jede besondere Erlaubniss. Das Gesetz schliesst die Erlaubniss in sich. Die Unternehmer können aber auch durch Specialconcession ermächtigt werden, Obligationen auszugeben, *ehe* die Hälfte eingezahlt worden, oder *mehr* Obligationen als ein Drittel des Gesammt-Capitals.

Die Praxis der Verpfändung unfertiger Bauten bis zu gewisser Höhe ihrer Herstellungskosten, welche durch diese Gesetzgebung sanctionirt ist, ist bei uns zu Lande beim Häuserbau gang und gebe, und warum sie es beim Eisenbahnbau nicht sein soll, sondern die Unternehmer erst auf die Betriebszeit vertröstet und dann noch die besondere Erlaubniss der Regierung nachsuchen sollen, ist mir vollständig unerfindlich. Eine Regierung, welche Zustimmung zu Anleihen giebt, die sie doch für sich selber erst vom Volke zu bekommen hat, scheint mir die umgekehrte Welt. Insoweit jenes englische Gesetz verstattet, dass mit der Verpfändung über das Drittel des Veranschlags hinausgegangen wird, oder schon vor Einzahlung der Hälfte ein Anfang damit gemacht wird, ist es doch immer der Gesetzgeber d. h. das lebende statt des fixirten Gesetzes, welcher die Zustimmung dazu zu geben hat, nicht aber die Regierung.

Wäre es bei uns ähnlich wie in England den Eisenbahnunternehmern gesetzlich erlaubt, während der Bauzeit Obligationen auszugeben, so wäre damit für den Eisenbahnbau eine Hülf-Geschäftsform ermöglicht, welche unserm Publicum als Darleiher wie als Borger bei der Häuserbauunternehmung schon genau bekannt ist. Werden auch noch unfertige Bauten verpfändet, so wird damit doch immer Werth verpfändet. Die englische Gesetzgebung ist damit zufrieden, wenn schon die blosse Einzahlung vorliegt und kann dies sein, und so könnte es die unsrige sein, weil der Darleiher damit noch nicht zufrieden zu sein braucht. Dem Darleiher bleibt es immer noch überlassen, selbst zu prüfen ob die Einzahlung, um welche sich die Gesetzgebung ausschliesslich bekümmert, nun auch wirklich auf Landkauf und Bau verwandt, d. h. das Capital wirklich festgelegt, und wie weit es wirklich festgelegt, und dadurch zur möglichen Grundlage für unzweideutigen Realcredit geworden ist.

Der verpfändbare Werth bemisst sich dabei etwa nicht nach der aufgewandten Arbeit. Von der aufgewandten Arbeit als Werthsubstanz weiss, wie ich schon bei der Beantwortung früherer Fragen geltend zu machen Gelegenheit bekam, die in der Schärfe und Feinheit der Zergliederungen stets fortschreitende Volkswirthschaftslehre schon seit langer Zeit, schon seit den Tagen Jean Baptiste Say's nichts mehr.

Der praktische Kaufmann hat niemals etwas davon gewusst: nur noch die Jurisprudenz quält sich hier und da mit dieser unhaltbaren Annahme ab, welche längst durch eine viel feinere, der Correctur nicht mehr bedürfende Formel ersetzt ist, auf welche in ihrer Allgemeinheit einzugehen hier nicht der Ort ist.

Bei der Werthschätzung eines unfertigen Baues — die englische Volkssprache hat für unfertige Bauten aller Art und für alles, was volkswirthschaftlich unter dieselbe Kategorie fällt, den malerischen Ausdruck carcass, Gerippe, welches bedeutet, dass es sich um ein Ding handelt, bestimmt wirthschaftlich lebendig zu werden, aber noch nicht soweit fertig gebracht, um so lebendig sein zu können — also bei einem „carcass" wird zunächst die Werthschätzung des Baues unter Voraussetzung, dass er fertig ist, zu Grunde gelegt und dann damit verglichen, wieviel es noch kosten wird, ihn fertig zu bringen. Der Ueberschuss des Werthes bei fertigem Bau über diese Vollendungskosten bildet die Maximalgrenze für die Werthschätzung des Käufers oder Beleihers, der an einen unfertigen Bau herantritt. Soweit als die Last der schon gethanen Arbeit von der Gesammtlast, welche ein vollständiger Neubau einem zweiten Unternehmer auferlegen würde, in Abzug zu bringen ist, ist auch beleihbare Werthsubstanz vorhanden.

Glaube man ja nicht, dass sich die Darleiher, um welche es sich bei der Ausgabe von Eisenbahnprioritäten während der Bauzeit fast allein handeln kann und wird, nicht im Stande sein werden, die Beleihungsfähigkeit des unfertigen Baues zu beurtheilen. Keine Regierungscontrolle würde es jemals gleich gut können, denn es werden die Verkäufer des Bodens, die Unternehmer der Erdarbeiten, die Lieferanten der Schwellen und Schienen, der Ziegel- und Brückenbestandtheile, die Erbauer der Bahnhöfe u. s. w. sein, gerade wie jetzt beim Häuserbau die Baugelder während der Bauzeit aus den Händen der Maurer- und Zimmermeister, der Bautischler, der Glaser, der Ofenfabrikanten und der Hausmaler kommen. Es wird für diese Prioritäten gerade dieselben Abnehmer geben, auf welche in dem Alinea c dieser Frage hingedeutet ist, und der Vortheil wird eben sein, dass die Preise mit den Grundbesitzern, Bauunternehmern und Lieferanten, statt und soweit es bis jetzt etwa nöthig war, dieselben in Aktien zu bedingen, in baarem Gelde werden bedungen werden können. Denn während die Unternehmer, wenn sie genöthigt sind, noch unverkäufliche Aktien durch Ausgabe an Zahlungsstatt an Grundbesitzer, Bauunternehmer und Lieferanten unterzubringen, es nicht ändern können, dass diese unfreiwilligen Abnehmer die Aktien nur zu *ihrem* Preise nehmen, d. h. durch Aufschlag auf ihre Rechnungen bei angeblicher Annahme zum Nominalbetrage, lassen sich Obligationen vermöge des Zinsfusses und der Tilgungsverpflichtung stets so einrichten, dass ihr Nominalbetrag auch ihr Cours ist, und dass sie als baares Geld in Zahlungsstatt angenommen werden.

Bei gesetzlicher Erlaubniss der Ausgabe von Obligationen während der Bauzeit fallen alle möglichen Rücksichten fort, welche bisher bei Genehmigung des Voranschlags sowohl auf den Spielraum für die Bewegung der Preise, als auch, wo dies trotz der Absurdität der Sache geschehen sein sollte, auf einen voraussichtlichen Coursverlust bei der Ausgabe genommen worden sein mögen. Kostet der Bau mehr als veranschlagt war, weil die Preise der Materialien und das Arbeitslohn gestiegen sind, oder in Folge der Unmöglichkeit einer ganz zuverlassigen technischen Vorausberechnung des nöthigen Materials und der nöthigen Arbeit, so kann das dadurch entstandene Loch im Anlagecapital aus dem Ertrage ausgegebener Obligationen ausgefüllt werden. Ist ein Coursverlust bei der ersten Ausgabe in Folge unzureichender Deckungsmittel der ersten Unterzeichner für die späteren Einzahlungen und eines ungünstigen Geldmarkts unvermeidlich geworden, so können auch hierfür die Obligationen helfend eintreten. Endlich können die Gründungskosten, welche vor Erwerbung der Concession entstanden sind, und die nicht minder sehr realen Vertriebskosten der Aktien hierauf angewiesen werden.

Der Voranschlag kann also genau nach der technischen Vorausberechnung des nöthigen Materials und der nöthigen Arbeitsleistung gemacht, die Preise des Augenblicks dabei zu Grunde gelegt und das durch die Aktien aller Art — ich würde es für einen grossen Fehler halten, die sachgemässe Gliederung in Garantie-Aktien, Stamm-Aktien und Stammprioritäts-Aktien zu verhindern — also dies auf Antheil am Gewinne angewiesene Capital auf die Ausdehnung eines derartigen Voranschlags beschränkt werden.

Für die Unternehmung selbst ist ein beschränktes Maass der Theilnahme am Unternehmungsgewinne nur günstig. Sie hat diese Theilnahme aus keinem andern Grunde zu erweitern gesucht und zu erweitern sich gezwungen gesehen, als weil ihr die Verpfändung dessen, was doch Werth in ihrer Hand war, um unvorhergesehenen und solchen Kosten begegnen zu können, welche durch Vertheilung auf die Erträge, aber nicht etwa und bei Eisenbahnen gerade am allerwenigsten aus den Erträgen des ersten Betriebsjahres zu decken sind, gerade während der dafür wichtigsten Zeit und auch nachher noch ohne besondere Erlaubniss verboten ist. Sonst sticht Jedem welcher Aktien auf Eisenbahnen zeichnet, die stolze Lage der Aktionäre der Berlin-Hamburger Bahn in die Nase, deren Dividende auf das verhältnissmässig kleinste Stamm-Aktiencapital zur Vertheilung kommt.

Für die Behörde, welche die Concession zu gewähren hat und welche die verschiedenen Anwartschaften im dauernden Nationalinteresse nach dem Masse der volkswirthschaftlich besten Trace zu vergleichen hat, wird der Voranschlag dann zum wirklich brauchbaren Rechnungsfaktor bei dieser Vergleichung, denn die Mitbewerbung sorgt dann selbst dafür, dass er nach Möglichkeit genau wird.

Aus diesem letzteren Grunde möchte ich dann noch eine zweite englische Praxis zur Einführung empfehlen, welcher durch die englische Gesetzgebung vorgesehen ist. Dies sind die Debenturen (debentures). Es sind Verpfändungen des Betriebsmaterials als eines solchen und zwar nach dem Stück: Verpfändungen, mit welchem also das Anlagekapital, von welchem das ja sehr wechselnde Betriebskapital, welches in den Voranschlag gar nicht hineingehört, streng getrennt ist, nichts zu schaffen hat.

Der dritte Vorzug eines Voranschlags, bei welchem von vorneherein auf die Beihülfe durch Verpfändung gerechnet wird, ist endlich der, dass dabei öffentlich wird und werden kann, was vielleicht bisher es nicht war, und dass damit dem unruhigen Gefühl der Massen, zumeist der gar nicht Betheiligten, dass sie auf unerforschliche Weise um das Ihrige gebracht würden, ein Ende gemacht wird.

Es liegt auf der Hand, dass das Alinea d. dieser Frage,

ob die sogenannte Generalentreprise der gesammten Herstellung oder einzelner Rubriken zu verbieten für eine Auffassung des Bedürfnisses, wie die soeben entwickelte, keinen Sinn hat. Besonders die Generalentreprise für einzelne Rubriken hängt auf das innigste mit dem Fortschritt der Arbeitstheilung und dem dadurch bedingten Wachsthum der Ausrüstung und der Leistungsfähigkeit der einzelnen Werkstätten zusammen. Sie verbieten zu wollen, welche ganze Stadtviertel auf einmal zu bauen ermöglicht, die jetzt unsere einzige Hoffnung sind, der Wohnungsnoth ein Ende zu machen, welche unser antediluvianisches Kommunalwesen uns über den Hals gebracht hat, hiesse inmitten der fortschreitenden Welt kleinmüthig umkehren, und zu gestehen, dass das Begriffsvermögen der Nation der Zeit nicht gewachsen ist.

5. Haben sich die bisherigen Vorschriften des Actiengesetzes über die zu zwei erwähnten Gegenstände, sowie über die Aufstellung der Bilanz und die Vertheilung von Dividenden wirksam erwiesen, um dem Gesetze die Nachachtung zu sichern? Oder sind die Vorschriften umgangen worden und auf welche Ihnen bekannt gewordene Weise?

5) Ich habe schon entwickelt, dass wenigstens einige dieser Vorschriften, soweit sie sich wirksam erwiesen haben, sich nur schädlich wirksam erwiesen haben können. Von der Art, wie sie umgangen sein mögen, ist mir nichts bekannt.

6. Auf welche Weise lässt sich die Wirksamkeit dieser gesetzlichen Vorschriften besser, als bisher, sichern
   a. durch verschärfte Bedingungen der vom Gesetz erforderten Nachweisungen, und der Legitimationen zur Ausübung des Stimmrechts?
   c. durch verschärfte civilrechtliche Verantwortlichkeit des Aufsichtsraths und der mit der Verwaltung betrauten Personen?
   d. durch eine ausgedehntere Androhung von Criminalstrafen wegen Uebertretung einzelner gesetzlicher Vorschriften?
   e. durch leichtere Verfolgbarkeit der Civil-Ansprüche von Seiten der einzelnen Actionäre?

Irgend eine Aenderung des bestehenden Aktiengesetzes in der Richtung grösserer Beschränkung in der Thätigkeit und in der Rückkehr zu grösserer persönlicher Verantwortlichkeit würde ich jetzt, wegen der grenzenlosen Verwirrung, die aus der Rückwirkung dieser Gesetzesänderungen erwachsen würde, für einen ungeheuren volkswirthschaftlichen Fehler von ganz unabsehlichen Folgen halten. Ich hätte gewünscht, dass die von Herrn Dr. Alex. Meyer und mir auf dem Kongresse der deutschen Volkswirthe zu Mainz im Jahre 1869 verfochtene Ansicht, dass „die juristische Form der Aktiengesellschaft eine ausreichende wirthschaftliche Begründung nur bei solchen Unternehmungen finde, deren Natur es mit sich bringt, dass ein erheblicher Theil des Stammkapitals in stehende, möglichst dauernde, einem festbestimmten und nicht leicht veränderlichen Zwecke dienenden Anlagen verwendet wird und bei denen ferner in der Geschäftsleitung der spekulativen Thätigkeit ein weiter Spielraum nicht gegönnt ist", dass diese Ansicht, welche von einem wissenschaftlichen Kongresse aus eben nur als guter Rath für die Nation verbreitet werden konnte, bei der Gesetzgebung mehr Beachtung gefunden hätte, als geschehen ist. Nun es aber nicht geschehen und in Folge dessen sehr ausgedehnt gehandelt worden ist, scheint mir die Rückkehr zu diesem Grundsatze unmöglich und für das Aktiengesetz im Allgemeinen und seine thatsächliche Wirkung nichts weiter übrig zu sein, als „die Zurückführung der Bildung von Aktiengesellschaften auf das wirthschaftlich zulässige Mass lediglich der wachsenden wirthschaftlichen Einsicht anzuvertrauen," wie der Kongress schliesslich in seiner Gesammtheit empfahl, weil er die Konzessionirung für Aktiengesellschaften im Allgemeinen jedenfalls für ganz unzulässig hielt und sich doch über die Normativbedingungen, durch welche dieselbe zu ersetzen sei, nicht zu einigen vermochte — weil es nämlich überhaupt keine solche Bedingungen giebt, die auf Aktiengesellschaften mit ganz verschiedener Vermögensanlage passen.

Die von mir jetzt für den Eisenbahnbau als wünschenswerth bezeichneten Neuerungen in unserer Gesetzgebung haben nichts mit der Aktiengesetzgebung, sondern nur mit der Eisenbahngesetzgebung zu schaffen, in welcher die Kon zessionirung bewahrt geblieben ist und bewahrt bleiben kann, wenn nur die Willkür durch eine gesetzlich geregelte Mitbewerbung und gesetzliche Normirung des Verpfändungsrechtes ersetzt wird.

Für die gesetzliche Regelung des Verpfändungsrechtes würde ich vorschlagen, das in England erlaubte gesetzliche Drittel bei halber Einzahlung einfach in unsere Gesetzgebung herüberzunehmen, sowie für Debenturen genaue, dem Bedürfniss der Eisenbahn-Unternehmung entsprechende und auf dieselbe beschränkte, gesetzliche Vorkehr zu treffen.

Verpfändungen des Aktienkapitals über das gesetzliche Drittel hinaus und dann natürlich für Ausbauten und Erweiterungen bestimmt, würden ihre Genehmigung von derselben Behörde, welche die Ausbauten und Erweiterungen zu genehmigen hat, gleich hierin eingeschlossen erhalten.

Dies England zu entlehnende Verfahren läuft also, wie man sieht, im Ganzen darauf hinaus, 33⅓ Prozent Aufschlag auf den wirklichen Voranschlag, aber zu beschaffen durch rückzahlbaren Kredit, von vornherein zu genehmigen. Dies ist viel mehr, als jemals bei uns für den bei unserm Verfahren nothwendigen Spielraum der Kosten in Ansatz gebracht worden sein dürfte und ist, wie die Erfahrung ergeben hat, unter Umständen doch nicht zu viel. Auch wo es zuviel war und von vorneherein von den Unternehmern selbst so angesehen wurde, hat es aber nur die im Interesse der Kapitalsansammlung im Lande wohlthätige Folge gehabt, dass die Unternehmer selbst den Abzug lieber am Aktienkapital als am Betrage der Obligationen gemacht haben, dass sie es vorgezogen haben, höhere Dividenden für die Zukunft durch die Kapitalersparniss zu sichern, welche sich in der Tilgung der Obligationen vollzieht.

Buchdruckerei der Berliner Bürger-Zeitung (D. Collin), Berlin, Schützenstrasse 68.

FSC
www.fsc.org
MIX
Papier | Fördert
gute Waldnutzung
FSC® C083411

Kolibri 360 GmbH
Ferdinand-Jühlke-Straße 7
99095 Erfurt, Deutschland
produktsicherheit@kolibri360.de